梨花女子大學校 中國文化研究所

明代女性作家叢書❷

散/文/選

그 사람을 그리워하면
그 사람은 영원히 내 곁에 있네

옮긴이 · **김지선 정민경**

발간에 부쳐…

2008년 9월 설립된 이화여자대학교 중국문화연구소는 기존 어문학 중심의 연구에서 벗어나, 세부적인 학문 영역에 국한되지 않는 포괄적이고 심도 있는 전문 중국학 연구의 구심점이 되기 위해 노력하고 있습니다. 폭넓은 시야와 안목을 가진 전문 인력을 확보하고 다양한 정보를 공유함으로써 새로운 방법론을 창안할 연구 공간으로의 역할을 모색하고 있습니다. 특히 지역학 및 지역문화 연구, 여성문학 연구, 학제 간 연구를 중심으로 한 차별화된 전략을 통해 학문적 국제경쟁력을 강화하고 있습니다. 또한 급변하는 동아시아 및 국제사회에 적극적으로 대처하기 위해 실용성을 추구하면서 한중양국의 문화 창달에 기여하고 있습니다.

2009년 7월부터 본 연구소 산하 '중국 여성 문화·문학 연구실'에서는 '명대 여성작가 작품 집성—해제, 주석 및 DB 구축'이라는 프로젝트를 수행하게 되었습니다(한국연구재단 2009년 기초연구과제 지원사업, KRF—2009—322—A00093).

곧 명대 여성문학 전 작품을 대상으로 자료를 수집하여 주석, 해제하고 이에 대한 데이터베이스 구축을 위해 방대한 분량의 원문을 입력하는 작업으로, 이미 상당 부분 진행되었습니다. 정리 작업을 진행하면서 중요 작가를 중심으로 작품의 성취가 높은 것을 선별해 일반 독자에게 알리기 위해 연구총서의 일환으로 이를 번역, 출판하게 되었습니다.

　　이와 같은 연구 성과는 한국·중국 고전문학 내지는 여성문학 연구의 중요한 토대를 마련할 뿐 아니라, 동서양의 수많은 여성문학 연구가들에게 편의를 제공하게 될 것입니다.

이화여자대학교 중국문화연구소

소장 이 종 진

출판 서

　이화여자대학교 중국문화연구소는 한국연구재단의 지원 하에 「명대(明代) 여성작가(女性作家) 작품 집성(集成)—해제, 주석 및 DB 구축」이라는 과제를 수행하고 있습니다.

　2009년 7월부터 시작된 본 과제는 명대 여성들이 지은 시(詩), 사(詞), 산곡(散曲), 산문(散文), 희곡(戱曲), 탄사(彈詞)등의 원문을 수집 정리하여 DB로 구축하고 주석 해제하는 사업으로 3년에 걸쳐 진행됩니다. 연구원들은 각자의 전공에 따라 자료를 수집 정리해 장르별로 종합한 뒤 작품을 강독하면서 주석하고 해제하고 있습니다. 이런 과정에서 우수 작가와 작품을 선별하여 출간하는 것이 본 사업의 의의를 확대할 수 있다고 판단되어 연차별로 4~5권씩 번역 출간하는 계획을 수립하였습니다.

　본 과제를 수행하는 데는 적지 않은 어려움이 따랐습니다. 첫째는 원 자료 수집의 어려움이었습니다. 북경, 상해, 남경의 도서관을 찾아다니면서 대여조차 힘든 귀중본을 베끼고, 복사하거나 촬영하는 수고로움을 마다하지 않았습니다.

둘째는 작품 주해와 번역의 어려움이었습니다. 전통시기의 여성 작가이기에 생애와 경력이 거의 알려지지 않은 경우가 대부분이어서 작품 배경을 살피기가 용이하지 않았습니다. 따라서 주해나 작품 해석에서 부딪치는 문제가 적지 않아 이를 해결하는 데 많은 수고가 따랐습니다.

셋째는 작가와 작품 선별의 어려움이었습니다. 명청대 여성 작가에 대한 자료의 수집, 정리는 중국에서도 이제 막 시작된 분야이기 때문에 연구의 축적 자체가 적은 편입니다. 게다가 중국 학계에서는 그나마 발굴된 여성 작가 가운데 명대(明代)에 대한 우국충정(憂國衷情)이 강한 작가를 높이 평가하고 있습니다. 그러나 작품의 가치를 평가할 때 우국충정만이 잣대가 될 수는 없을 것입니다. 연구원들은 기존 연구가 전무하거나 편협한 상황 하에서 수집된 자료 가운데 더욱 의미 있는 작품을 고르기 위해 작품을 다각적으로 분석하고 여러 번 통독하는 수고를 감내했습니다.

우리 5명의 연구원과 박사급 연구원은 본 과제를 수행하기 위해 끝이 보이지 않는 수고를 감내하였습니다. 매주 과도하게 할당된 과제를 성실히 수행했을 뿐만 아니라 출간 계획이 세워진 다음에는 매주 두세 차례 만나 번역과 해제를 면밀히 검토하였습니다. 출간에 즈음하여 필사본의 이체자(異體字) 및 오탈자(誤脫字) 문제의 자문에 응해주신 중국운문학회회장(中國韻文學會會長), 남경사대(南京師大) 종진진(鐘振振)교수와 번역 및 주석의 교정, 교열에 가르침을 주신 이종한 선생님에게 감사드립니다. 아울러 매번 어려움에 봉착할 때마다 번역에 의견을 제시해 주신 최일의, 강성위 두 선생에게도 심심한 감사를 전합니다.

본 작품집의 출간을 통해 이제껏 학계에서 간과되어 온 명대 여성작가와 작품들이 널리 알려져 명대문학이 새롭게 조명됨은 물론 명대 여성문학에 대한 평가가 새로워지길 바랍니다. 아울러 한중여성문학의 비교연구가 활발하게 시작되는 계기가 마련되길 기대합니다.

끝으로 본 기획의 가치를 높이 평가하고 쉽지 않은 출간에 선뜻 응해 준 '도서출판 사람들'에 깊은 감사를 표합니다.

2011년 9월

이화여자대학교 중국문화연구소
소장 이 종 진

역자서문

    중국여성문학사에서 명대(明代)는 가히 획기적인 시대라 할 만하다. 한대(漢代)의 반소(班昭, 45~117?)와 채염(蔡琰, 177~239), 진대(晉代)의 사도온(謝道韞, 349~409), 당대(唐代)의 설도(薛濤, 768?~832), 송대(宋代)의 이청조(李淸照, 1084~1155), 주숙진(朱淑眞, 1135?~1180?) 등 각 시대별로 일세를 풍미한 여성문인들이 있기는 하였지만 이들 여성문인의 창작 활동은 개인적인 상황에만 머물렀지 집체적인 현상으로 확산되지는 않았다. 하지만 명대에 이르러 여성문학에 매우 커다란 변화가 일어났다. 특히 명대 말기 강남(江南)을 중심으로 여성문인 집단이 대거 출현하였는데 이들은 주로 가족단위로 시사(詩社)를 결성하여 서로 창작 활동을 독려하고 문학적으로 교류하기 시작하였다.

    오강(吳江)의 엽씨(葉氏), 심씨(沈氏), 동성(桐城)의 방씨(方氏), 산음(山陰)의 기씨(祁氏) 등의 명문가를 중심으로 여성문인 집단이 출현하였는데, 그들은 시로 창화(唱和)하며 마음을 주고받았고 편지로 문학에 대해 토론하였으며 문집에 서문을 써주면서 서로간의 공감대를 쌓아갔다. 이러한 현상은 명대 이전에는 거의 보기 드물었던 일로 이는 중국역사상 사회적, 경제적, 문화적으로 커다란 변화가 일어나고 있었음을 말해준다. 즉 강남을 중심으로 경제가 비약적으로 발전하면서 여성 교육의 기회도 점차 늘어났고 출판업계도 매우 호황을 이루면서 독서계의 관심이 여성문인들의 작품에 이르게 된 것이다. 이른바 "여자는 재주가 없는 것이 덕이다(女子無才便是德)"라고 하였던 전통적인 여성관에도 커다란 변화가 일어났음은 물론이다.

하지만 명대에 여성문인 집단이 출현하였다는 이 사실만으로 명대에 여성에 대한 억압이 덜 하였고 여성들의 생활이 자유로웠다고 보기는 어렵다. 왜냐하면 명대 여성의 교육은 일부 명문가를 중심으로 이루어졌고 더욱이 여성 교육은 여성들의 삶의 질을 높이거나 성취감을 얻기 위한 것에 있지 않았다. 명대 여성 교육의 일차적인 목적은 무엇보다 자식을 훌륭하게 가르칠 수 있는 어머니, 집안을 현명하게 다스리고 남편과 대화가 통하는 익우(益友)로서의 아내를 양성하는 데 있었다. 이 때문에 여성 교육은 가문의 명망과 위상과도 직결되는 문제이기도 하였다.

이러한 현상은 명대 여성문인들의 작품 경향과 그대로 연결된다. 명대 여성문학 전체를 두고 볼 때, 규방에서 느끼는 섬세한 감성이나 외로움, 회한 등을 읊은 시(詩), 사(詞), 부(賦), 산곡(散曲) 등이 주를 이루고 있는 반면, 상대적으로 고문(古文)을 거의 짓지 않았던 것은 명대 여성문학과 교육의 한계를 드러내는 부분이다. 더욱이 산문 내에서도 여성문인들끼리 안부를 묻거나 일상의 일을 부탁하면서 쓴 서간문, 가족이나 지인의 죽음을 애도하며 쓴 뇌문(誄文), 제문(祭文) 등이 주를 이루고 있고, 역사나 사회 문제에 대해 자신의 견해나 주장을 펼치는 고문은 거의 찾아보기 힘들다. 여성들의 시선은 여전히 규방 안에 머물러야만 했고 그만큼 여성들의 창작 활동에도 한계가 있을 수밖에 없었다. 고약박(顧若璞, 1592~1681)이 『규만음(閨晚吟)』 서문에서 "시란 짓기 어려운 것이다. 여성이 시를 짓는 것은 더욱 쉽지 않다. 본래 시는 예의가 아닌 것을 삼가하고 예법은 집안 바깥에서 더욱 엄격한 법이니 한 구절이라도 내뱉기만 하면 사람들은 너나없이 꾸짖고 헐뜯었다 (詩難言哉! 女子言詩, 抑又不易也. 自詩謹非儀, 禮嚴梱外, 一語之發, 人咸刺譏.)"라고 하였던 것을 보더라도 명대 여성문인들의 창작 활동은 여전히 조심스러운 문제였고 이에 대한 인식이 그다지 관대하지 않았음을 알 수 있다.

이러한 시대적 분위기 속에서 여성문인이 자신의 시집을 내면서 서문을 직접 쓰거나 더 나아가 가족이나 지인의 시집에 서문을 써주는 것은 실로 파격적인 일이었다. 여성문인이 쓴 작품집에 남성문인이 아닌 여성문인이 서문(序文)이나 발문(跋文)을 쓰면서 본격적으로 여성들만의 목소리를 내기 시작한 것이다. 여성문인들은 이 작은 공간을 통해 문학에 대한 견해를 펼쳤고 여성문학의 아름다움을 강조하였으며 기존의 문단(文壇)에 대해 은근하게 비판하기도 하였다. 또한 같은 여성문인으로서 높은 인격과 재주를 지닌 자를 흠모하고 칭송해주며 서로 아끼는 마음을 드러냄으로써 끈끈한 공감대를 형성하기도 하였다.

이 외에도 명대 여성문인들은 편지로 대화의 장을 만들어 시 수정을 부탁하거나, 문학에 대한 생각을 말하면서 벗을 그리워하는 정을 표현하기도 하였다. 사소한 말 속에 여성문인들이 살아온 자취, 집안 분위기, 인적 교류 관계에 대한 정보가 고스란히 남아있기도 하고, 격렬한 논쟁이 아니라 소소한 일상에 대한 수다 같은 이야기에서 문학과 인생에 대한 토로가 진술하게 묻어나기도 한다. 이렇듯 산문은 상징과 은유 등을 통한 시나 사, 산곡과는 달리 일상의 생활과 감정을 있는 그대로 묘사한 장르이기에 생동감이 있고 아기자기한 맛과 운치를 준다.

여성문인들의 산문에는 천하를 호령하는 정치적 포부나 사회와 나라에 대한 치열한 논쟁은 없다. 하지만 거기에는 분명 남성문인들이 보지 못하고 간과해온 인간의 여린 감성과 섬세한 서정이 충만하고, 우리네 일상의 삶에 대한 이야기가 오롯이 모여 있다. 여성 산문의 가치와 의미는 바로 그 '틈새'에 있다. 그럼에도 명대 여성문인들의 산문은 그간 학계에서 그다지 주목받지 못하였다. 명대 산문이라 하면 전후칠자(前後七子)나 당송파(唐宋派), 공안파(公安派), 소품문(小品文) 등에 관심이 집중되었고 이에 대한 논쟁에서 여성문인들의 산문이 끼어들 여지가 없었던 것이 사실이다.

그렇기에 묻혀있던 명대 여성문인들의 산문을 발굴, 수집하여 밝혀내는 작업은 일차적으로 중국여성문학사에 기여하는 바가 클 뿐 아니라 명대 산문, 더 나아가 중국문학사 전체에서 간과하고 스쳐지나온 틈새를 메워주는 역할을 할 수 있다. 또한 일상의 내용을 담고 있는 명대 여성 산문은 문학적 가치는 물론이고, 사료로서의 가치도 높아 생활사, 풍속사 등의 연구에도 크게 이바지할 것으로 기대된다. 바로 여성 산문이라는 틈새는 기존의 중국문학사에서 보지 못했던 영역을 다양하게 열어 보이고 이로써 과거의 삶을 더욱 풍부하게 이해할 수 있는 근거가

된다.

 이 책은 명대 여성 작품집의 서문과 발문, 서간문 중에서 당시 여성문인들의 삶과 문학적 교류, 문학관 등을 엿볼 수 있는 문장 총 35편을 선별한 것이다. 명대 여성 산문에는 부(賦), 소(騷), 찬(贊), 기(記), 전(傳), 제문(祭文), 축문(祝文) 등 다양한 장르의 작품들이 전해지나 이 책에서는 서문과 발문, 서간문을 중심으로 문예관과 여성문인의 교류와 관련된 작품들을 뽑아서 실었다. 내용은 크게 명대 여성문인의 문예관을 볼 수 있는 작품과 여성문인들 간의 문예교류를 알 수 있는 작품 두 가지 주제로 나누어지며, 각 여성문인들의 생애에 대한 소개는 부록에 두었다.

 각 작품의 원문은 명대 조세걸(趙世杰, 1630년 전후 생존)의 『고금여사(古今女史)』, 청대(淸代) 정기동헌(靜寄東軒, 생졸년 미상)의 『명원척독(名媛尺牘)』, 호문해(胡文楷, 1901~1988)의 『역대부녀저작고(歷代婦女著作考)』, 왕수금(王秀琴, 1910 ~ 1944)의 『역대명원문원간편(歷代名媛文苑簡編)』 등에서 발췌하였다. 명대 여성문인들의 산문은 따로 문집으로 간행된 것이 드물었기에, 전체적인 윤곽을 그리고 범위를 설정하는 것에서부터 원문 수집에 이르기까지 작업이 쉽지 않았다. 더욱이 『고금여사』나 『명원척독』의 경우, 판각 상태가 좋지 않아 판독하기 어려운 글자들이 꽤 많았고, 방점까지 직접 찍어가며 원문을 해석하고 주석을 달기란 더더욱 쉽지 않았다.

 이렇게 지난한 작업을 하면서 너무도 많은 분들의 도움을 받았다. 늘 끊임없이 열정과 관심으로 독려해주신 이종진 선생님, 원문고증과 해석상의 어려운 문제에 도움을 주신 남경사범

대학(南京師範大學)의 종진진(鍾振振) 선생님, 번역 및 주석의 교정교열에 가르침을 주신 이종한 선생님, 바쁘신 와중에도 언제나 윤독회에 나오셔서 도움을 주신 최일의 선생님, 강성위 선생님께 감사드린다. 이 분들의 도움이 아니었으면 이 책은 나올 수 없었을 것이다. 또 윤독회에 함께 참석하여 도움을 주신 연구원 김의정, 강경희, 김수희, 이은정님, 연구보조원 김아름, 이진아, 황윤하님께도 감사드린다. 끝으로 명대 여성 산문의 가치와 의미를 알아봐주시고 이를 흔쾌히 책으로 내어주신 도서출판「사람들」의 사장님께서도 감사드린다.

문원(文苑)에서 노닐면서 묻혀서 알려지지 않았던 여성문인들을 만날 때마다 안타까움을 느꼈고 다시 살아난 듯한 그들의 삶을 보며 무한한 동경과 애틋함을 보내기도 하였다. 새삼 현대사회에서 우리가 얼마나 메마른 정서로 살아가는지를 깨달았고 그들의 정신세계와 작품을 제대로 이해하지 못할까봐 조바심이 나기도 하였다. 스스로 학문이 부족함을 느끼며 현기증이 나도록 보고 또 보며 매달렸지만 해석은 여전히 미숙하고 번역상의 표현에는 촌스러운 구석들이 남아있다. 아직 세상에 내어 보이기에 모자란 점이 많지만 독자 여러분들의 애정 어린 비판과 질정을 통해 학문적으로 더욱 성숙해질 수 있기를 바라본다.

2011년 9월

역주자 삼가 씀

목차

1 문예관

2 문예교류

그 사람을 그리워하면
그 사람은 영원히 내 곁에 있네

1

문예관

"망령되이 생각하노니, 인간 세상 봄에는 풀이요, 가을에는 낙엽이라 이런 것들을 엮어내면 시가 아닌 것이 없다. 시를 이렇게 표현해도 되는가? 안 되는가?"

왕미(王微)의 『월관시(樾館詩)』 자서 중에서

고약박 ‖ 顧若璞

閨晚吟1)序

嗟乎! 此余弟超士2)婦孝昭夫人3)所爲『閨晚吟』也. 夫人今
歿矣, 子若女搜其遺編而授之梓, 問序于予. 余唯唯否否4).

曰: 詩難言哉! 女子言詩, 抑又不易也. 自詩謹非儀, 禮嚴
梱外, 一語之發, 人咸刺譏. 卽苦無師承5), 又不能窮山川草
木, 以發其奇宕6)之思. 況所稱漢魏六朝降而唐而宋元, 此其
辨在神與氣之間, 不徒以其格調也, 此豈可摹合而論斷乎?

然卜子夏7)有云: 發乎情, 止乎禮義. 婦德兼婦言, 古識之
矣. 「卷耳」8)之什首列風, 人未見踰節. 柳絮9)單詞, 流輝千

---

1) 閨晚吟(규만음): 황홍(黃鴻)의 작품집. 고약박 외에도 장사음(張似音)이
   쓴 서문이 있다.
2) 超士(초사): 고약박의 동생 고약군(顧若群). 명말 유식론(唯識論)으로 유
   명한 유학자이다. 고약박의 작품집『와월헌고(臥月軒稿)』에 서문을 썼다.
3) 孝昭夫人(효소부인): 고약군의 처 황홍을 가리킨다. 생졸년은 미상이다. 자
   는 홍요(鴻耀)이고 인화(仁和, 절강성(浙江省) 항주(杭州)에 속한 지역)
   사람이다. 작품집으로『규만음(閨晚吟)』,『광한집(廣寒集)』이 있다.
4) 唯唯否否(유유부부): 탈이 날까 두려워 그저 상대가 하자는 대로 대답하는
   모습.
5) 師承(사승): 스승으로부터 학문을 계승하다.
6) 奇宕(기탕): 기이하고 자유분방하다.
7) 卜子夏(복자하): 본명은 복상(卜商)이다. 공자의 제자로 십철(十哲) 중 한
   사람이다. 위(魏)나라 문후(文侯)의 스승으로 시와 예(禮)에 능통하였다.
8) 卷耳(권이):『시경(詩經)・주남(周南)』의 편명(篇名). "도꼬마리를 뜯네.

載, 安在具體? 靜而正, 思而不傷, 近齊梁之纖麗, 而不失漢魏之高古, 若斯編者, 可以傳矣.

余性樸寡諧, 持論多迂拙10), 閨中人輒笑之. 與夫人相上下, 恒視而莫逆也. 余不幸不天11), 所遭坎坷12), 故不廢螽唏歎息之聲. 夫人則以吾弟懷才不偶13), 又値家中落, 當秋風披帷, 春月臨軒時, 聊詩以自解, 亦以解夫子也. 故其取致媚而含情遠. 余瞠乎後矣. 然與余論議, 顧匿不自見. 編中酬和之什絶少, 此足以明其所重在彼不在此也.

今夫人旣歿, 吾弟方爲汗漫遊14), 遂太史15)十年之志. 箋帙散亂, 久將零落不可集, 則爲是刻也. 固非夫人所重, 獨不足以重夫人乎? 卽無論古班左蘇蕙令暉16)之屬, 以耳目所猶及, 如徐小淑17), 陸卿子18), 丁孝懿19), 咸爲藝林推重. 夫人頡

광주리 기울여도 차지 아니하네. 아, 내 사람 그리워. 저 큰 길에 버려두노라(采采卷耳, 不盈頃筐. 嗟我懷人, 寘彼周行)"라는 구절이 있다.

9) 柳絮(유서): 버들개지. 여성의 재주가 뛰어남을 비유한 말이다. 『세설신어(世說新語)·어언(語言)』에서 동진(東晉) 사도온(謝道韞)이 눈이 날리는 것을 보고 "버들개지가 바람에 날린다(柳絮因風起)"라고 읊은 것에서 유래하였다.

10) 迂拙(우졸): 어리석어 세상일에 서툴다.

11) 不天(불천): 직역하면 하늘의 도움을 받지 못한다는 뜻이나 여기서는 남편이 일찍 죽었다는 의미로 해석하였다.

12) 坎坷(감가): 불우하다. 길이 험난하여 가기 힘들다.

13) 偶(우): 우(遇)와 같은 뜻이다. 만나다.

14) 汗漫遊(한만유): 열심히 천하를 유람하였다는 것을 가리킨다. 한(汗)은 땀을 흘리다, 만유(漫遊)는 마음 내키는 대로 각처를 떠돌아다닌다는 뜻이다.

15) 太史(태사): 나라의 법규를 기록하는 관직. 여기서는 태사공(太史公) 사마천(司馬遷)을 가리킨다.

16) 班左蘇蕙令暉(반좌소혜영휘): 모두 이름난 여성문인들로 반(班)은 반소(班昭), 좌(左)는 좌분(左芬)을 가리킨다. 소혜(蘇蕙)는 북조(北朝) 전진(前秦) 시기 두도(竇滔)의 아내로 회문시(回文詩)를 지었다. 영휘(令暉)는 곧 포영휘(鮑令暉)로 남조(南朝) 송대(宋代) 포조(鮑照)의 동생이다.

頹20)其間,　何多讓焉.　余淺黯未敢以一字踰戶外,　于夫人是
刻,　誼不可辭,　聊次序其語弁簡端.　一以悲夫人之不生,　一以
幸夫人之有不死也.

　　夫人姓黃氏,　爲余舅同年進士大參21)靈河公22)長女.　歸余
弟超士,　二十年而卒.　生七子女,　皆好學有文.　所稱孝昭,　則
歿之日戚里23)私謚24)以彰懿德,　識不忘者也.

　　　　　　　　　　출처: 『역대부녀저작고(歷代婦女著作考)』

『규만음閨晩吟』 서

　　슬프도다! 이 책은 내 동생 초사(超士)의 아내 효소부인(孝昭夫
人)이 쓴 『규만음(閨晩吟)』이다. 부인은 지금 세상을 떠났고 그 아들

---

17) 徐小淑(서소숙): 서원(徐媛)을 가리킨다. 소숙(小淑)은 자이다. 장주(長洲,
　　강소성(江蘇省) 소주(蘇州)) 사람으로 작품집으로 『낙위음(絡緯吟)』이 있
　　다. 육경자(陸卿子)와 자주 창화하며 교류하여 '오문이대가(吳門二大家)'
　　라 칭해진다.

18) 陸卿子(육경자): 본명은 육복상(陸服常)이다. 고소(姑蘇, 강소성 소주) 사
　　람으로 조환광(趙宦光)과 결혼한 뒤 함께 한산(寒山)에 들어가 은거하였
　　다. 『고반집(考槃集)』, 『현지집(玄芝集)』, 『운와각고(雲臥閣稿)』, 『한암
　　예초(寒岩謇草)』 등의 작품집이 있다.

19) 丁孝懿(정효의): 고약박(顧若璞)의 맏며느리로 『경원유영(鏡園遺詠)』
　　등의 작품집이 있다. 그 외 생애에 대해서는 자세하게 알려지지 않았
　　다.

20) 頡頏(힐항): 대항하여 굴하지 않은 모습.

21) 大參(대참): 참지정사(參知政事)의 별칭.

22) 靈河公(영하공): 황우겸(黃又謙)을 가리킨다. 생졸년은 정확하지 않다.

23) 戚里(척리): 황제의 외척이 사는 곳. 혹은 외척을 가리키기도 한다.

24) 私謚(사시): 학자, 작가가 죽었을 때 친족이나 문인 등이 칭송하여 내리는
　　시호.

과 딸이 유고(遺稿)를 모아 출판을 하면서 나에게 서문을 부탁하였다. 나는 그저 그러겠노라고 대답하였다.

시란 짓기 어려운 것이다. 여성이 시를 짓는 것은 더욱 쉽지 않다. 본래 시는 예의가 아닌 것을 삼가고 예법은 집안 바깥에서 더욱 엄격한 법이니 한 구절이라도 내뱉기만 하면 사람들은 너나없이 꾸짖고 헐뜯었다. 스승으로부터 가르침을 전혀 전수받지 못하고, 산천초목을 두루 다 섭렵하지도 못하기에 기이하고 자유분방한 시상(詩想)을 펼칠 수가 없었다. 하물며 이른바 한(漢), 위(魏), 육조(六朝) 이래 당시(唐詩), 송시(宋詩), 원시(元詩)라 일컬어지는 것들의 구분이란 결국 신(神)과 기(氣) 사이에 있었지 한갓 격조만을 가지고 구분하는 것이 아니었으니 어찌 비슷한 것을 뭉뚱그려 논단할 수 있겠는가?

그런데 복자하(卜子夏)는 "시는 정에서 나와 예의에서 그친다"고 하였다. 부덕(婦德)에 아녀자의 글 솜씨가 들어있는 것은 예부터 알려진 바이다. 「권이(卷耳)」가 「국풍(國風)」의 맨 처음인 「주남(周南)」에 오지만 법도를 넘어서는 내용은 볼 수 없다. 버들개지를 읊은 시가 천 년토록 길이 빛나지만 구체적인 묘사가 어디 있었던가? 고요하면서도 바르고 그리움이 엿보이되 상심의 지경에 이르지 않았으며 제량(齊梁)의 섬세한 아름다움에 가깝지만 한위(漢魏)의 고상하고 예스러움을 잃지 않았으니 이런 글이라면 후세에 전해질만 하다.

나는 본디 투박하고 남들과 잘 어울리지 못하며 대부분 어리석고 졸렬한 이론들만 주장했기 때문에 규중 사람들은 늘 나를 비웃곤 했다. 하지만 부인과는 손위 시누이와 올케 사이로 서로 막역하게 지냈다. 나는 불행하게도 일찍 과부가 되어서 삶이 순탄치 않았기에 흐느끼며 탄식하는 소리가 그칠 날이 없었다. 부인 또한 동생이 재주를 품고서도 세상에 쓰이지 못하고 집안마저 쇠락해지는 꼴을 당했기에, 가을바람이 휘장에 불어오고 봄 달이 난간에 휘영청 할 때마다 시를 지어 스스로를 위로하였는데, 이는 또한 남편을 위로하는 것이기도 했다. 이 때문에 그 시가 추구하였던 풍취는 아름답고 머금은 정은 심원하였다. 나는 그저 뒤에서 눈만 멀뚱거리며 바라볼 뿐이었다. 그런데도 나와 의견을 나눌 때는 오히려 감추면서 스스로를 드러내지 않았다. 작품집에는 창화한 작품이 매우 적은데 이로써 부인이 중시하였던 바는 시로 위안을 삼은 것이었지 재주를 드러내는 것이 아니었음을 족히 알 수 있다.

지금 부인은 세상을 떴고 나의 동생은 바야흐로 세상을 떠돌아다니면서 태사공(太史公) 10년의 뜻을 이루고 있다. 부인이 남긴 글들이 어지러이 흩어져 더 오래되면 사라지고 모을 수도 없게 될까봐 이 때문에 판각하게 되었다. 부인이 중히 여기던 바가 아니었다고 해서 이것으로 부인을 중히 만들기에 부족하겠는가? 옛날에 반소(班昭)나 좌분(左芬), 소혜(蘇蕙), 포영휘(鮑令暉)와 같은 자들은 물론이고, 내가 보고 들은 사람들 중에도 서원(徐媛), 육경자(陸卿子), 정효의(丁孝懿)와 같은 자들은 모두 문인 사회에서 존경받는 여성들이다. 부인이 그들과 우열을 가린들 무슨 큰 손색이 있겠는가? 나는 소견이 얕고 어두워 감히 한 글자도 문 밖으로 내보일 수 없지만 부인의 이 책만은 도의상 사양할 수 없기에 서문을 지어 책머리에 싣는다. 한편으로 부인이 살아있지 않아서 슬프지만, 한편으로 부인이 죽지 않게 되어 다행이다.

부인의 성은 황씨(黃氏)로 내 시아버지와 같은 해 진사(進士)가 되신 대참(大參) 영하공(靈河公)의 장녀이다. 내 동생 초사(超士)에게 시집와 20년 만에 죽었다. 아들 딸 7명을 낳았는데 모두 학문을 좋아하고 문장으로 이름을 날렸다. 효소(孝昭)라는 명칭은 부인이 죽던 날, 부인의 아름다운 덕을 널리 드러내기 위해 친정에서 사적으로 지어준 시호인데, 이로써 길이 잊지 않겠다는 뜻을 드러내었다.

··

　　고약박이 올케인 황홍의 작품집『규만음』에 쓴 서문이다. 고약박은 서문에서 황홍의 인품과 재주를 칭송하면서 여성이 시를 쓰는 데 어려움을 토로하였다. 명대에 이르러 여성의 문학 창작에 대한 인식이 많이 관대해졌다고는 하나 "한 구절이라도 내뱉기만 하면 사람들은 너나없이 꾸짖고 헐뜯었다(一語之發, 人咸刺議)"라고 하였던 것에서 여전히 여성이 시를 짓는 일이 쉽지 않았음을 알 수 있다. 여성이 시 짓기 어려웠던 것은 경험이 적고 스승이 없었기 때문이다. 오직 전대 시인이 남긴 작품만이 스승이었고 생활의 경험과 정취가 구상의 원천이었다. 게다가 여성이 쓴 시라는 이유로 예의에 벗어난 말이 한 마디라도 들어 있으면 사람들로부터 비난을 사기 일쑤였다.

　　여성문학이 강점을 보인 것은 분명 「모시서(毛詩序)」에서도 긍정한 바 있는 '정(情)'에 있었다. 하지만 여성의 섬세한 감정이 무한정 인정받을 수 있는 것은 아니었다. 그것은 '정'이 '예(禮)'를 넘어서지 않고 '절도'를 벗어나지 않아야 한다는 조건 하에서만 받아들여졌다. '넘치거나', '벗어나는 것'을 긍정하지 못하고, 제량시(齊梁詩)의 섬려(纖麗)를 한위(漢魏)의 풍골(風骨)이라는 정격(正格)으로 테두리 지은 것에서 고약박 혹은 당시의 시대적인 한계가 드러난다. 그러나 남성과 차별화되는 여성만의 섬세한 감정에 높은 가치를 부여하였다는 점에서 이 서문은 매우 의미 있는 글이라 할 수 있다.

臥月軒稿自序

　嘗讀詩知婦人之職, 惟酒食是議[1]耳, 其敢弄筆墨以與文士

爭長乎? 然物有不平則鳴, 自古在昔, 如班左2)諸淑媛, 頗著
文章自娛3), 則彤管4)與箴管5)並陳, 或亦非分外事也.

璞也不才, 少不若於母訓, 莽而執箕帚6)名門, 所懼增羞父
母. 酒漿組紝7), 勤不告勞, 蓋數十年如一日矣. 歸於東生8)之
歲, 君舅謝鍾陵令9), 待命京師. 父母故憐愛余, 不欲令遠方,
甥10)乃就貳室11), 余得無廢膝下歡. 而夫子蚤失恃12), 體羸

---

1) 惟酒食是議(유주식시의): 그저 술 빚고 밥 짓는 따위나 논하다. 이 말은
『시경(詩經)·소아(小雅)·사간(斯干)』에 "이에 여자 아이를 낳아서 바닥
에 재우고 포대기를 입히며 실패를 가지고 놀게 하니, 그를 것도 없고 선할
것도 없느니라. 오직 술 빚고 밥 짓는 것을 의논하여 부모에게 근심을 끼치
지 말지로다(乃生女子, 載寢之地, 載衣之裼, 載弄之瓦, 無非無儀, 惟酒
食是議, 無父母詒罹)"에서 나왔다.

2) 班左(반좌): 반(班)은 반소(班昭), 좌(左)는 좌분(左芬)을 가리킨다.

3) 頗著文章自娛(파저문장자오): 자못 문장을 지어 스스로 즐기다. 도연명(陶
淵明)의 「오류선생전(五柳先生傳)」에 "항상 문장을 지어 스스로 즐기며
자못 자신의 뜻을 나타내었다(常著文章自娛, 頗示己志)"라는 구절이 있
다.

4) 彤管(동관): 옛날 중국 여성들이 일을 기록할 때 사용하던 몸통이 붉은 붓.
여기에서는 여성들이 글을 짓는 일을 말한다.

5) 箴管(잠관): 잠(箴)은 옷을 깁는데 사용하는 바늘이고 관(管)은 바늘과 실
을 보관하는 통이다. 여기에서는 옷을 만드는 등의 집안일을 말한다.

6) 執箕帚(집기추): 시집가다.

7) 酒漿組紝(주장조임): 음식을 만들고 베를 짜다.

8) 東生(동생): 국자감(國子監)의 생도(生徒). 여기서는 고약박의 남편인 황무
오(黃茂梧)가 동생을 지냈기에 그를 일컫는 말이다.

9) 鍾陵令(종릉령): 종릉현(鍾陵縣)의 현령. 종릉현은 지금의 강서성(江西省)
남창시(南昌市)이다.

10) 甥(생): 사위라는 뜻으로, 자신의 남편을 지칭한다.

11) 貳室(이실): 사위가 처갓집에 머무를 때 쓰는 방.

12) 失恃(실시): 어머니를 여의다. 이 말은 원래 『시경(詩經)·소아(小雅)·육
아(蓼莪)』의 "아버지가 안 계시니 어디에 의지하며 어머니가 안 계시니 어
디에 기댈까?(無父何怙, 無母何恃)"에서 나왔다.

弱, 不勝衣. 君舅廉吏, 旣不事家人生産作業. 室中之藏, 止書數卷. 余脫簪珥佐雞窓13)讀, 又連不得志於棘闈. 憤懣噴血, 遂漸不可止. 而夫子以罔極恩未報, 先得沈疴, 益伊壹不樂, 日夜攻苦, 而神氣愈索矣. 嗚呼! 余事夫子十有三年, 彊半與藥爐爲伍. 後子女漸長, 食費漸繁, 未暇覃精文苑, 或稍有所誦, 鈔略不全. 間事詠歌, 大抵與東生相對憂苦之所爲作也.

夫溘云逝, 骨鑠魂銷, 帷殯而哭, 不如死之久矣. 豈能視息14)人世, 復有所謂緣情靡麗之作15)耶? 徒以死節易, 守節難, 有藐諸孤16)在, 不敢不學古丸熊17)畫荻18)者, 以俟其成.

---

13) 雞窓(계창): 서재. 여기에서는 서재에서 공부하는 자신의 남편을 지칭한다. 남조(南朝) 유의경(劉義慶)의 『유명록(幽明錄)』에 다음과 같은 문장이 있다. "진(晉)나라 연주자사(兗州刺史) 패국공(沛國公) 송처종(宋處宗)이 한번은 길게 우는 닭 한 마리를 사왔는데, 애지중지하게 키우면서 항상 닭장을 창가에 놓아두었다. 닭이 어느 날 사람의 말을 하면서 송처종과 담론하는데 매우 언변이 좋아 해가 지도록 끝나지 않았다. 이 일로 인해 송처종은 언술이 매우 향상되었다.(晉兗州刺史沛國宋處宗, 嘗買得一長鳴雞, 愛養甚至, 恒籠著窓間. 雞遂作人語, 與處宗談論, 極有言智, 終日不輟. 處宗因此言巧大進.)"

14) 視息(시식): 겨우 눈으로 보고 코로 숨기기만 한다. 겨우 살아가는 모습을 비유한 말이다.

15) 緣情靡麗之作(연정미려지작): 시 작품. 이 말은 육기(陸機)의 「문부(文賦)」중 "시는 정감에서 비롯되어 아름답다(詩緣情而綺靡)"에서 나왔다.

16) 藐諸孤(막제고): 아버지가 죽어 갈 곳이 없게 된 자식. 이 말은 원래 『좌전(左傳)・희공구년(僖公九年)』에 "진나라 헌공(獻公)이 순식(荀息)을 해제(奚齊)의 스승으로 삼았는데, 헌공이 병이 나자 순식을 불러 말했다. '저 어리고 약한 자식을 대부에게 부탁하니, 그를 어찌하겠소?'(獻公使荀息傅奚齊. 公疾, 召之曰: '以是藐諸孤, 辱在大夫, 其若之何?')"에서 나왔다.

17) 丸熊(환웅): 웅담으로 만든 알약. 당대(唐代) 유중영(柳仲郢)의 어머니 한씨(韓氏)는 웅담으로 알약을 만들어 유중영에게 씹어 먹게 함으로써 그의 공부를 도왔다.

18) 畫荻(화적): 갈대로 글을 쓰다. 송대(宋代) 구양수(歐陽修)의 어머니 정씨

當是時, 君舅方督學19)西江, 余復遠我父母兄弟. 念不稍涉經史, 奚以課藐諸孤而俟之成? 余日惴惴20), 懼終負初志, 以不得從夫子於九京也. 於是酒漿組紃之暇, 陳發21)所藏書, 自四子22)經傳以及『古史鑑』·『皇明通紀』23)·『大政記』24)之屬, 日夜披覽如不及. 二子者, 從外傳入, 輒令籌燈坐隅, 爲陳說吾所明, 更相率咿唔, 至丙夜25)乃罷. 顧復樂之, 誠不自知其瘁也. 日月漸多, 聞見與積, 聖賢經傳, 育德洗心. 旁及騷雅詞賦, 游焉息焉, 冀以自發其哀思, 舒其憤悶, 幸不底於幽憂之疾. 而春鳥秋蟲, 感時流響, 率爾操觚26), 藏諸笥篋. 雖然亦不平鳴耳, 詎敢方古班左諸淑媛, 取邯鄲學步27)之誚耶?

(鄭氏)는 땅바닥에 갈대로 글자를 써서 구양수에게 글을 가르쳤다.

19) 督學(독학): 명대 각 성(省)에 파견되어 교육 행정이나 시험 등을 주관했던 관리.

20) 惴惴(췌췌): 두려워하며 경계하는 모양. 『시경(詩經)·소아(小雅)·소완(小宛)』에 "두렵고 경계하는 마음, 벼랑에 서 있는 듯하네(惴惴小心, 如臨於谷)"라는 구절이 있다.

21) 陳發(진발): 오래 묵혀두었던 물건을 꺼내어 사람들에게 보여주다. 한대(漢代) 유흠(劉歆)의 「이서양태상박사(移書讓太常博士)」에 "감춰두었던 책을 꺼내어 보이고, 옛 문장들을 교감한다(乃陳發祕藏, 校理舊文)"라는 구절이 있다.

22) 四子(사자): 사서(四書)인 『대학(大學)』, 『중용(中庸)』, 『논어(論語)』, 『맹자(孟子)』를 말한다.

23) 『皇明通紀(황명통기)』: 명대 사학자 진건(陳建)이 가정(嘉靖) 연간에 편찬한 명대 역사서이다.

24) 『大政紀(대정기)』: 『황명대정기(皇明大政紀)』로 명대의 역사서이다.

25) 丙夜(병야): 삼경(三更). 하룻밤을 오경(五更)으로 나누었을 때 세 번째 부분으로 밤 11시에서 새벽 1시 사이를 가리킨다.

26) 操觚(조고): 옛날 글을 쓸 때 사용하던 목판인 고(觚)를 다루다. 즉 글을 쓰다.

27) 邯鄲學步(한단학보): 남의 것을 기계적으로 모방하며 배우려다가 원래 자기가 가진 것마저 잃다. 이 말은 『장자(莊子)·추수(秋水)』에 장자의 선배인 위모(魏牟)가 공손룡(公孫龍)에게 말한 "또한 당신은 수릉(壽陵)의 젊

年來君舅歸老寓林, 時令孫輩呈覽, 蒙賜郢削. 余卽不慧, 異日者其有一言之幾於道乎? 題曰: 『臥月軒稿』. 臥月軒者, 夫子所嘗憩息, 志思也.

天啟丙寅[28]春暮
武林[29]未亡人黃顧若璞[30]識.

출처: 『역대부녀저작고(歴代婦女著作考)』

『와월헌고臥月軒稿』 자서

일찍이 『시경』을 읽고서 여성들의 일이란 게 그저 술 빚고 밥 짓는 따위나 논하는 것뿐이라 생각했으니, 어찌 감히 필묵을 놀려 문사들과 더불어 우열을 다툴 수 있겠는가? 그러나 만물은 평정을 잃으면 소리 내 울기 마련, 옛날부터 반소(班昭)나 좌분(左芬)과 같이 뛰어난 여성들은 자못 문장을 지어 스스로 즐겼으니 글 짓는 일과 집안일을 동시에 하는 것도 어쩌면 또한 본분 밖의 일은 아닐 것이다.

나는 재주가 없어 어려서는 어머니의 가르침에 미치지 못했고 15세에 명문가로 시집와서는 부모님께 누를 끼칠까 두려웠다. 음식

은 사람이 조나라 서울 한단으로 걸음을 배우러 갔던 이야기를 듣지 못했는가? 그 젊은 사람은 아직 조나라 걸음걸이를 다 배우기도 전에 원래 걷고 있던 걸음걸이마저 잊고 설설 기면서 겨우 고향으로 돌아갔다지 않는가? (且子獨不聞壽陵餘子學行於邯鄲與? 未得國能, 又失其故行矣, 直匍匐而歸耳)"에서 나왔다.

28) 天啟丙寅(천계병인): 명대 천계 연간 병인년으로, 1626년이다. 당시 고약박의 나이는 34세였다.

29) 武林(무림): 지금의 절강성(浙江省) 항주(杭州)이다.

30) 黃顧若璞(황고약박): 황무오(黃茂梧)의 부인 고약박.

을 만들고 베 짜는 일을 부지런히 하면서도 수고롭게 여기지 않으며 수십 년을 하루처럼 살았다. 남편에게 시집온 해에 시아버지께서는 종릉현령(鍾陵縣令)을 사임하시고 도성에서 황제의 명을 기다리고 계셨다. 친정 부모님께서 나를 사랑하는 마음에 멀리 보내려고 하지 않으셨기에 남편이 처가로 왔고, 나는 부모님 슬하의 기쁨을 누릴 수 있었다. 그러나 남편은 일찍이 어머니를 여위고 몸도 약해져 옷 조차 이기지 못했다. 시아버지께서는 청렴한 관리여서 집안의 살림 과 생활은 돌보시지 않았다. 집안에 있는 것이라곤 단지 책 몇 권뿐 이었다. 나는 비녀와 귀걸이 등을 팔아 남편 공부 뒷바라지를 했으 나 남편은 과거 시험에서 연거푸 좌절하고 말았다. 남편은 분에 겨 워 피를 토하더니, 점차 그치지 못하는 지경에 이르고 말았다. 게다 가 남편은 망극한 은혜를 아직 갚지도 않았는데 먼저 중병을 얻었다 며 더욱 우울해했고 밤낮으로 열심히 공부한 탓에 정신과 기력도 갈수록 약해졌다. 아아! 남편을 섬긴 13년 동안, 거의 반이나 되는 세월을 탕약과 함께 했구나. 후에 아이들이 점차 자라자 먹고 사는 비용도 점점 늘어나 글 쓰는 일에 정진할 겨를이 없었으며 간혹 조금씩 읊은 것이 있기는 했지만 베껴 놓은 것이 완전하지 못했다. 간간이 읊조린 시는 대개가 남편을 마주하면서 느낀 근심과 괴로움 을 쓴 글들이었다.

남편이 갑자기 세상을 하직하자 뼈도 정신도 녹아 없어질 것 같았 는데, 휘장 친 빈소에서 통곡하는 일이 차라리 오래 전에 죽느니만 못하였다. 어찌 이 한 세상 살아가며, 이른바 감정에서 비롯된 아름 다운 시라는 것을 다시 지을 수 있었겠는가? 단지 절개를 지키기 위해 죽기는 쉬워도 살아서 절개를 지키기는 어렵다고들 하고 또 어린 자식들까지 있기에 감히 옛날 응담으로 알약을 만들어 먹이고 갈대로 글을 써 보인 일을 배워서 자식들이 장성할 때까지 기다리지 않을 수 없었다. 당시에 시아버지는 마침 서강독학(西江督學)의 자리에 계셔서 나는 다시 내 부모형제들과 멀리 떨어지게 되었다. 그때 나는 '조금이라도 경전이나 역사서를 섭렵하지 않는다면 무엇으로써 자식들을 가르쳐 성년이 되기를 기다리겠는가?'라고 생각하며 날마다 두려워하는 마음으로 초지(初志)를 지키지 못해 지하에서 남편을 따르지 못할까 걱정했다. 이에 음식을 만들고 베를 짜고 난 틈틈이 소장한 책들을 꺼내어 사서(四書) 및 경(經)·전(傳)에서부터 『고사감(古史鑒)』, 『황명통기(皇明通紀)』, 『대정기(大政記)』 등의 책들을 행여 못 미칠세라 밤낮으로 펴서 읽었다. 두 아이가 외출했다 들어오면 나는 등불을 들고 구석에 앉힌 다음 그들을 위해 내가 알고 있는 바를 설명해주었고, 그런 다음 번갈아가며 다 읊조리면서 삼경이 되어서야 그만 두었다. 나는 아들들을 가르치는 것이 즐거워 진실로 피곤함을 느끼지 못했다. 세월이 점차 흐르면서 듣고 본 것도 쌓여갔고 성현들의 경전을 읽으며 덕을 기르고 마음을 새롭게 하였다. 곁들여 「이소(離騷)」와 『시경』과 사부(詞賦)까지 섭렵하였는데, 그 속에서 노닐고 그 속에서 쉬면서 슬픔을 발산하고 우울함을 떨쳐버림으로써 답답함과 근심으로 인한 병을 얻지 않기를 바랐다. 봄에 새가 울고 가을에 벌레가 울 제, 시절에 느낀 바 있어 시상이 흐를 때면 되는대로 글로 적어 책 상자에 넣어두었다. 비록 그렇다고는 해도 마음에 평정을 잃고서 나온 울음에 지나지 않을 뿐이니, 어찌 감히 반소나 좌분 등 뛰어난 여성들에게 스스로를 견주어 되도 않게 남의 것이나 모방한다는 꾸짖음을 사겠는가?

몇 해 전 시아버지께서 관직에서 물러나 산림에 우거하셨는데 나는 가끔씩 손자들을 시켜 시문을 올려 수정받았다. 내가 지혜롭지 못하니 훗날 이 중에 도(道)에 가까운 말 한 마디라도 있겠는가? 제목은 『와월헌고』라고 하였다. 와월헌은 남편이 일찍이 쉬던 곳이라 그리움을 드러내고자 한 것이다.

천계 연간 병인년 봄 저녁에
무림(武林)에서 미망인 고약박 씀.

··

　고약박이 『와월헌고(臥月軒稿)』에 쓴 자서이다. 『와월헌고』는 고약박
의 두 아들 황찬(黃燦)과 황위(黃煒)가 고약박의 60세 생일을 기념하여
고약박의 작품을 엮어 간행한 책이다. 자서는 고약박이 한평생 살아온 과
정이 고스란히 드러난 글로 고약박의 생애를 파악하는 데 중요한 자료이
다. 문장 중 뒷부분은 고약박이 동생에게 쓴 서간문 「여포제서(與胞弟書)」
와 내용이 일치하는데 작가가 편집 당시 이전에 쓴 글에 약간의 첨삭을
가하여 완성한 것으로 추정된다.

　고약박은 한유(韓愈)가 「송맹동야서(送孟東野序)」에서 말한 "평정을 잃

서령인사(西泠印社)에서 본 서호(西湖)의 모습

으면 소리 내 운다(不平則鳴)"라는 명제로 자신의 시를 스스로 평하고 있다. 한유는 이백(李白)과 두보(杜甫) 등 역대 걸출한 문인들이 훌륭한 작품을 남길 수 있었던 까닭이 바로 마음속의 불평(不平)에 있었다고 하며, 평생 평탄한 인생을 살다 간 사람이라면 훌륭한 글을 써내지 못했을 것이라고 주장하였다. 고약박 역시 한유의 말을 인용하여 자신도 마음속의 불평으로 인해 시를 쓰게 되었다고 말하고 있다. 겸손의 말로 자신을 낮추고 있지만 굴원(屈原)에서 반소와 좌분, 이백과 두보에 이르기까지 불우한 인생으로 훌륭한 작품들을 남긴 문인들의 반열에 자신도 들어가고자 하는 작자의 심정을 읽을 수 있다.

방맹식 ‖ 方孟式

清芬閣集序

　皇甫玄晏[1], 隻語千金, 名公鉅卿事也. 我輩嚅唲[2]深閨, 終日行不離咫尺, 何足當弁簡之贄[3]? 雖然, 吾姊弟間子墨[4]倡和, 可得而更僕數[5]也. 憶吾姊弟稚屛時, 從家侍御[6]遊天雄[7], 及燕侍雪而咏, 輒津津嚮林下風[8]. 歲月流易, 分飛中

---

1) 皇甫玄晏(황보현안): 황보밀(皇甫謐)로, 어릴 적 이름은 황보정(皇甫靜), 자는 사안(士安), 호는 현안선생(玄晏先生)이다. 안정군(安定郡) 조나현(朝那縣, 감숙성(甘肅省) 영대현(靈台縣)) 사람으로 위진남북조(魏晉南北朝) 시기의 유명한 의학자(醫學者)이다. 의술 이외에 문장에도 뛰어나 좌사(左思)도 그에게 「삼도부(三都賦)」의 서문을 부탁할 정도였다.

2) 嚅唲(유애): 억지로 웃다.

3) 弁簡之贄(변간지지): 변간(弁簡)은 간책의 앞머리를 장식하는 일, 즉 서문을 짓는 일을 말한다. 지(贄)는 가르침 등을 청탁할 때 가지고 가는 예물로 서문을 부탁하기 위해 예물을 가지고 찾아간다는 말이다.

4) 子墨(자묵): 문장(文章). 한대(漢代) 양웅(揚雄)의 「장양부서(長楊賦序)」에 "그저 붓과 먹을 놀려 문장을 이루니 붓을 빌려 주인으로 삼고 먹을 손님으로 삼아 풍자한다(聊因筆墨之成文章, 故藉翰林以爲主人, 子墨爲客卿以風)"라는 문장이 있는데, 한림은 붓을, 자묵은 먹을 의인화하여 표현하였다.

5) 更僕數(경복수): 일일이 번갈아가며 헤아리다.

6) 侍御(시어): 당대(唐代)에는 전중시어사(殿中侍御史)나 감찰어사(監察御史)를 시어(侍御)라고 불렀는데, 후대에도 계속 이 칭호를 사용하였다. 여기에서는 방맹식의 아버지인 방대진(方大鎭)이 어사(御史)를 지낸 적이 있기 때문에 그를 지칭하였다.

7) 天雄(천웅): 미상. 지명으로 해석했다.

落, 備極斷腸之歎.

余幸託副笄[9]車塵[10], 女弟姚則已哀淸臺[11], 而號柏汎[12]矣. 生涯辛苦, 賴有文史, 問難字, 差足慰藉. 乃吾女弟玉節冰壺[13], 加慧益敏, 而不炫其才. 居恒仰天曰: "女子無儀[14], 吾何儀哉!" 離憂怨痛之詞, 草成多焚棄之, 偶一繪施金相, 競炙莊嚴, 卽沈閣弗錄, 鄙爲末技. 窺其學不減女博士祭酒[15],

---

8) 林下風(임하풍): 죽림칠현(竹林七賢) 같은 기풍. 여기서는 여성의 우아하고 소탈한 기상을 칭송하는 말이다. 이 말은 원래 남조(南朝) 유의경(劉義慶)의 『세설신어(世説新語)·현원(賢媛)』 중 "왕부인(王夫人, 사도온)은 정신이 시원스럽게 트였기 때문에 죽림칠현 같은 기풍이 있다(王夫人神情散朗, 故有林下風氣)"에서 나왔다.

9) 副笄(부계): 귀족 부인들의 머리 장식. 여기에서는 남편과 해로한다는 뜻이다. 『시경(詩經)·용풍(鄘風)·군자해로(君子偕老)』에 "군자가 해로하니, 부계의 여섯 곳을 옥으로 꾸미네(君子偕老, 副笄六珈)"라는 구절이 있다.

10) 車塵(거진): 거마(車馬)가 지나갈 때 일어나는 먼지로, 여기저기 뛰어다니며 고생한다는 뜻이다.

11) 淸臺(청대): 진시황(秦始皇)이 지은 누대인 '여회청대(女懷淸臺)'를 말한다. 『사기(史記)·화식열전(貨殖列傳)』에 따르면 파(巴) 땅에 살던 과부 청(淸)이 가업을 잘 지키고 정조를 잃지 않았기 때문에 진시황이 그녀를 위해 지어준 것이라고 한다.

12) 柏汎(백범): 백주(柏舟)를 띄우다. 버려진 여성이 권익을 지키며 굴복하지 않는다. 『시경(詩經)·패풍(邶風)·백주(柏舟)』에 "둥실둥실 잣나무 배는 하염없이 떠내려가는데, 밤새도록 잠 못 이룸은 뼈저린 시름 때문인가. 술이나 마시면서 나가 노닐지 못할 것도 아니건만(泛彼柏舟, 亦泛其流. 耿耿不寐, 如有隱憂. 微我無酒, 以敖以遊)"이라는 구절이 있다.

13) 玉節冰壺(옥절빙호): 옥 같이 고상한 절개와 얼음 같이 깨끗한 인품.

14) 無儀(무의): 잘한 것이 없다. 이 말은 『시경(詩經)·소아(小雅)·사간(斯干)』의 "여자를 낳아서......잘못함도 없고 잘함도 없는지라(乃生女子......無非無儀)"라는 구절에서 나왔다. 여성은 너무 잘나지도 너무 못나지도 않아야 한다는 말이다.

15) 博士祭酒(박사좨주): 한대(漢代)에는 박사의 우두머리를 가리켰고 당대(唐代) 이후로는 국자감좨주(國子監祭酒)로 쓰이다가 청말에야 폐지되었다. 후대에는 문학계, 예술계, 학술계의 뛰어난 인물을 지칭한다.

下上古今, 釁釁成章. 偶示扇頭, 衛楷永眞16), 咸捧如寶. 常諢之爲餘藝. 嗟乎阿妹! 墮體黜聰17)之意, 固已遠矣.

余抱病適志, 小有積什, 附遊豫章18)·閩·粤山水奇勝. 復納交名媛印可, 以娛彤殘. 顧當吾身, 而令懷瑾握瑜19)啖茶囓蘖20)之碩人21), 不顯於名媛方幅哉! 半百窮愁, 空悲腐草, 發洪鐘而撾雷鼓22), 何忍須臾忘? 於是載其近編, 用覯寤寐. 其有名公鉅卿, 流攬彤管23)者, 當必擇琳瑯24)之一技, 存湘閭之

---

16) 衛楷永眞(위해영진): 위해(衛楷)는 위부인(衛夫人)의 해서(楷書)를 말하고, 영진(永眞)은 지영(智永) 스님의 진서(眞書)를 말한다. 위부인은 고대 중국의 저명한 서예가인 왕희지(王羲之)에게 서법을 전수했다고 하고, 지영 스님은 왕희지의 7세손으로 진서의 대표자로 손꼽힌다.

17) 墮體黜聰(타체출총): 몸을 돌보지 않고 재주를 발휘하지 않는다. 이 말은 여동생인 방유의(方維儀)가 몸을 가꾸거나 화장하는 데 신경을 쓰지 않고, 많은 재주를 가지고 있으면서도 작품을 쓰지 않는다는 뜻이다.

18) 豫章(예장): 강서성(江西省) 남창(南昌) 일대.

19) 懷瑾握瑜(회근악유): 아름다운 옥을 가슴에 품고 손에 쥔다는 뜻으로, 사람이 순결하고 고상한 인품을 지녔음을 비유한다. 이 말은 『초사(楚辭)·구장(九章)·회사(懷沙)』의 "아름다운 옥을 가슴에 품고 손에 쥐고도 궁지에 처했으니 하소연할 곳을 모르겠네(懷瑾握瑜兮, 窮不知所示)"에서 나왔다.

20) 啖茶囓蘖(담도설얼): 풀과 채소를 먹다. 거칠고 보잘 것 없는 음식을 먹으며 검소한 생활을 하다.

21) 碩人(석인): 현명하고 덕이 있는 사람. 여성에 대한 존칭. 여기에서는 여동생 방유의를 가리킨다. 이 말은 『시경(詩經)·위풍(衛風)·석인(碩人)』의 "높으신 님은 훤칠한데, 비단옷 위에 엷은 겉옷 입으셨네(碩人其頎, 衣錦褧衣)"에서 나왔다.

22) 發洪鐘而撾雷鼓(발홍종이과뇌고): 큰 종을 울리고 우레 소리 나는 북을 치다. 원래는 대의를 물어 알다의 뜻이지만, 여기서는 훌륭한 작품을 읽어 작가의 뜻을 안다는 뜻으로 쓰였다. 이 말은 원래 『세설신어(世說新語)·어언(語言)』의 "사원(士元)이 말하길 '저는 변방 구석에서 자랐기 때문에 대의(大義)를 본 적이 없습니다. 만약 큰 종을 울려보고 우레 소리 나는 북을 쳐보지 않았다면 그 소리가 얼마나 큰지 알지 못할 뻔 했습니다'(士元曰: '僕生出邊垂, 寡見大義. 若不一叩洪鐘, 伐雷鼓, 則不識其音響也')"에서 나왔다.

斑淚[25]云爾.

출처: 『역대부녀저작고(歷代婦女著作考)』

『청분각집^{淸芬閣集}』서

　황보밀(皇甫謐)처럼 천금의 값어치가 나가는 한 마디 말을 지을 수 있는 것은 유명한 고관대작들의 일이다. 우리같이 깊은 규방에서 억지웃음을 지으며 종일 걸어도 지척도 나아가지 못하는 아녀자들이 어찌 다른 사람의 책에 서문을 쓰는 일을 감당이나 하겠는가? 비록 그렇지만 우리 자매는 간간이 시를 주고받아 그 작품을 일일이 번갈아 헤아릴 수 있을 정도였다. 생각해보니, 우리 자매가 어렸을 적에 가친을 따라 천웅(天雄)에 놀러간 적이 있는데, 아버님을 모시고 연회를 즐기던 차에 눈이 내려 시를 읊으면 죽림칠현(竹林七賢)의 풍모가 넘치곤 했다. 그러나 세월이 흐르고 흘러 서로 이별하기도 하고 중간에 소식이 끊기기도 하면서 애간장 끊어지는 갖은 한탄스런 일을 다 겪었다.

　나는 다행히 분주히 고생하면서도 남편과 함께 지내고 있지만, 여동생 요부인(姚夫人)은 이미 청대(淸臺)의 슬픔을 경험한 채 호를 백범(柏汎)이라 하였다. 여동생은 삶은 고달프지만 문사(文史)에 의

---

23) 彤管(동관): 옛날 중국 여성들이 일을 기록할 때 사용하던 몸통이 붉은 붓. 여기에서는 여성들이 글을 짓는 일을 말한다.

24) 琳瑯(임랑): 아름다운 시문이나 진귀한 서적. 우수한 인재.

25) 湘閭之斑淚(상려지반루): 상수(湘水)의 반죽(斑竹)에 어린 눈물. 상려(湘閭)는 삼려대부(三閭大夫) 굴원(屈原)이 지은 「상부인(湘夫人)」을 말한다. 순(舜)의 아내인 아황(娥皇)과 여영(女英)은 순이 죽자 대나무에 눈물 흔적을 남기고 상수에 투신하여 상수신(湘水神)이 되었는데, 이들을 상부인이라고 한다.

지하여 글의 시비를 가리며 조금이나마 위안을 얻었다. 내 여동생은 옥 같이 고상한 절개와 얼음 같이 깨끗한 인품을 지닌 데다가 지혜롭고 영민했지만 자신의 재주를 뽐내지 않았다. 평소에 항상 하늘을 우러러 말하길 "여자들은 재주가 없는 존재인데, 내가 무슨 잘난 것이 있겠는가!"라고 하였다. 여동생은 이별과 근심, 원망, 아픔에 대한 글은 대충 지었다가도 대부분 태워 없애버렸으며, 어쩌다 나무랄 데 없이 훌륭한 작품을 쓰더라도 방치한 채 기록하지 않으며 말단의 재주쯤으로 치부했다. 내가 살펴보니 여동생의 학식은 여성 박사좨주(博士祭酒)에 못지 않아, 고금을 오르내리며 훌륭한 문장을 지어내곤 하였다. 한번은 여동생이 우연히 부채에 쓴 글씨를 보여주었는데, 흡사 위부인(衛夫人)의 해서(楷書), 지영(智永)의 진서(眞書) 같아서 나는 그것을 보물처럼 받들었다. 그러나 여동생은 항상 이를 숨기며 하찮은 재주로 여겼다. 아, 내 여동생이여! 몸을 꾸미지 않고 재주를 드러내지 않은 그 뜻이 진실로 심원하구나!

나는 병을 안고 유유자적 지내며, 지어놓은 글이 조금 있기에 그것을 가지고 예장(豫章)과 복건(福建), 광동(廣東)의 명승을 두루 노닐었다. 그러다 뛰어난 여성들과 사귀며 글 솜씨를 인정받음으로써 노년의 쇠잔한 신세를 달랬다. 내 몸만 살피느라 고운 옥을 품고 거친 채소만 먹는 위대한 여성의 글이 이름난 여성작가들의 문집 속에서 드러나지 않았구나! 반평생 시름에 겨워 살면서 공연히 비천한 신세를 슬퍼하였지만 큰 종을 울리고 우레 북을 치는 일을 어찌 차마 잠시라도 잊을 수 있겠는가? 이에 여동생의 최근 작품을 싣고 자나 깨나 읽어보았다. 유명한 고관대작들 중에 여성의 문장을 두루 본 사람이라면 마땅히 그녀의 빼어난 재주를 알아보아서 상비(湘妃)의 눈물자국과 같은 그녀의 작품을 보존할 것이다.

‧‧‧‧‧‧‧‧‧‧‧‧‧‧‧‧‧‧‧‧‧‧‧‧‧‧‧‧‧

    방맹식이 여동생 방유의의 시집인『청분각집(淸芬閣集)』에 쓴 서문으로
심의수(沈宜修)의『이인사(伊人思)』에는「유의매청분각집서(維儀妹淸芬
閣集序)」란 제목으로 수록되어있다. 방맹식은 일찍 남편을 잃고 고달프게
살아가는 방유의의 삶을 안타까워하며 힘든 삶 속에서도 꿋꿋하게 살아가
는 여동생의 인품과 덕성, 재주를 칭송하였다. 또한 방맹식이 방유의에
대해 "내 몸만 살피느라 고운 옥을 품고 거친 채소만 먹는 위대한 여성의
글이 이름난 여성작가들의 문집 속에서 드러나지 않았구나!(顧當吾身, 而
令懷瑾握瑜啖茶囓蘗之碩人, 不顯於名媛方幅哉!)"라고 하였던 것에서 자
매로서 느끼는 애정 뿐 아니라 진정 재주 있는 자를 아끼는 마음을 느낄
수 있다.

방유의 ‖ 方維儀

紉蘭閣詩集序

讀『紉蘭閣』[1]之詩者, 不勝傷悲之至也. 余伯姊夫人, 苦其
心志, 生平摧折, 故發憤於詩歌者也. 嗟乎! 姊氏之性, 素秉
忠孝, 恭順幽貞. 敏而好學, 九歲能文, 有詠雪[2]才. 先君廷
尉[3]撫愛篤甚, 常目之而歎曰: "有此子爲快, 惜是女!"

及笄, 歸方伯鍾陽公[4], 事舅姑夫子, 以盡婦道, 而兩門尊
親皆稱之. 隨官遠遊, 經涉燕·閩·楚·粵·淸泉[5]·潯陽[6],

---

1) 紉蘭閣(인란각): 『인란각시집(紉蘭閣詩集)』 14권으로, 방유의의 언니 방
   맹식(方孟式)이 쓴 작품집이다.

2) 詠雪(영설): 눈을 읊는다는 뜻으로 여성의 시적 재주가 뛰어남을 비유한다.
   이 말은 『세설신어(世說新語)·어언(語言)』에서 사도온이 눈이 날리는 것
   을 보고 "버들개지가 바람에 날리네(柳絮因風起)"라고 읊은 것에서 나왔
   다.

3) 廷尉(정위): 진대(秦代) 형벌을 관장하던 관직으로, 당대(唐代)에는 그 명
   칭이 대리시경(大理寺卿)으로 바뀌었다. 여기에서는 대리시소경(大理寺少
   卿)을 했던 방유의의 아버지 방대진(方大鎭)을 가리킨다.

4) 鍾陽公(종양공): 방맹식의 남편인 장병문(張秉文)으로, 호가 종양(鍾陽)이
   다. 장병문은 만력(萬曆) 38년(1610)에 진사가 되어 귀안지현(歸安知縣)을
   제수 받았으며, 후에 호부낭중(戶部郎中), 복건건녕병순도(福建建寧兵巡
   道), 광동안찰사(廣東按察使), 우포정사(右布政使) 등을 거쳐 산동좌포
   정사(山東左布政使)를 지냈다. 숭정(崇禎) 11년(1638)에 청나라 군사가
   제남(濟南)을 포위하자 끝까지 싸우다 전사하였다.

5) 淸泉(청천): 호남성(湖南省) 형주부(衡州府).

6) 潯陽(심양): 강서성(江西省) 구강시(九江市).

間輔佐淸政, 以唱和吟咏, 得諧敬愛之重. 年至廿餘生一子女, 皆不育. 爲夫置妾, 欲蕃其胤, 遂得振振公子, 以綏後福. 治家節儉, 中饋7)勤勞, 撫訓妾朦如己出, 以七誡8)・『詩』・『禮』而教之, 於是方伯公9)多賴其內助焉.

哀吾伯姊時遭不遇, 一脈自悼10), 雖有才名著世, 樛木11)仁慈, 空叩冠佩之榮, 歷蹈艱辛, 上下加責, 有孰憐者! 在他人不堪其憂, 伯姊惟躬行四教12), 遜讓怡聲, 以奉夫子. 斑白蕭條, 愁苦多病, 第鼓琴咏詩, 藉淸風明月以自解. 余爲同胞13)傷痛之, 敬慕之, 蓋有不敢盡敍其患之深也.

출처: 『역대부녀저작고(歷代婦女著作考)』

---

7) 中饋(중궤): 음식 하는 등의 집에서 하는 여러 가지 일을 말한다.

8) 七誡(칠계): 칠교(七敎). 『예기(禮記)・왕제(王制)』에 "칠교를 밝혀 백성의 덕성을 함양한다(明七敎以興民德)"는 구절이 있는데, 주(註)에 칠교란 부자(父子), 형제(兄弟), 부부(夫婦), 군신(君臣), 장유(長幼), 손님[賓客], 친구[朋友]를 말한다고 한다.

9) 方伯公(방백공): 형부인 장병문이 포정사를 지냈기에 이렇게 부른 것이다.

10) 一脈自悼(일맥자도): 일맥은 한 줄기 강물을 뜻하고, 자도는 스스로 애도한다는 말이다. 이는 방맹식이 남편이 전사하자 강물에 뛰어들어 자결한 일을 말한다.

11) 樛木(규목): 가지를 아래로 향하고 있는 나무. 후비(后妃)의 덕이 아랫사람에게 미친다는 뜻이다. 이 말은 『시경(詩經)・주남(周南)・규목(樛木)』에 "남쪽에 가지 늘어진 나무에 칡넝쿨이 얽혔네. 즐겁다 우리 님이여, 복록(福祿)을 누리며 편안하시네(南有樛木, 葛藟纍之. 樂只君子, 福履綏之)"에서 나왔다.

12) 四敎(사교): 사덕(四德)으로, 부덕(婦德), 부언(婦言), 부용(婦容), 부공(婦功)을 말한다. 동진(東晉) 시대 간보(干寶)의 『진기총론(晉紀總論)』에 "후비는 사교를 몸소 실천하고 스승을 존경하였으며 깨끗한 옷을 입고 번거롭고 욕된 일을 다듬어 고쳐 천하에 아녀자의 도리를 이루었다(而其后妃, 躬行四敎, 尊敬師傅, 服澣濯之衣, 修煩辱之事, 化天下以婦道)"란 구절이 있는데, 여기서 말하는 사교는 바로 사덕이다.

13) 同胞(동포): 같은 부모 밑에서 태어난 형제란 뜻으로, 여기에서는 언니인 방맹식을 가리킨다.

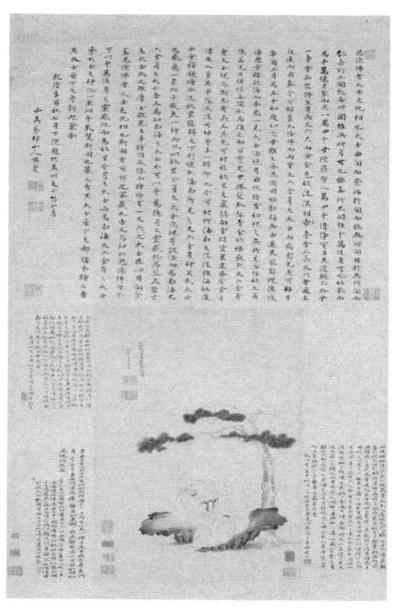

방유의의 『나한도(羅漢圖)』

『인란각시집紉蘭閣詩集』 서

『인란각시집(紉蘭閣詩集)』의 시를 읽어보니 지극한 슬픔을 이길 수가 없다. 나의 큰언니는 자신의 뜻이 평소에 꺾이고 부러진 것을 괴로워하다가 시가를 통해 그 울분을 표출하였다. 아! 언니의 성품은 본디 충효를 타고났으며, 공손하고 정숙하였다. 또 민첩하고 배우기를 좋아하여, 9살에 문장을 지을 줄 알았고 시를 짓는 재주가 있었다. 선친께서는 언니를 매우 사랑하고 아끼셨는데, 항상 언니를 볼 때마다 탄식하며 말씀하시길, "이런 아들이 있으면 좋았을 걸, 아쉽게도 딸이구나!"하셨다.

언니는 15살이 되어 방백(方伯) 종양공(鍾陽公)에게 시집갔는데, 시부모님과 남편을 모시며 부녀자의 도리를 다해서 두 가문의 부모님들이 모두 칭찬하였다. 언니는 형부의 관직을 따라 멀리 연(燕), 민(閩), 초(楚), 월(粵), 청천(淸泉), 심양(潯陽)을 거치면서 형부가 깨끗한 정치를 할 수 있도록 도왔고 함께 시를 창화하고 읊으며 형부의 존경과 사랑을 받았다. 언니는 20여세에 아들 하나 딸 하나를 낳았으나 모두 요절하였다. 그래서 언니는 형부에게 첩을 들여주어 그 자손이 번성하길 바랐고 결국 많은 자식을 얻어 만년의 복을 누렸다. 알뜰히 살림살고 부지런히 가사일을 하며 첩실 소생들을 친자식처럼 보듬고 훈육하여 칠교(七敎)와 『시경』, 『예기』를 가르쳤기에 형부께서는 언니의 내조를 많이 받았다.

애석하게도 나의 큰언니는 때를 잘못 만나 한 줄기 강물에 몸을 던져 자결하였으니 비록 재주와 명예로 세상에 알려지고 인자한 덕을 아랫사람에게 드리웠지만, 한갓 여성으로서의 영예만 누렸을 뿐, 언니가 겪은 고난과 위아래에서 가해지던 질책을 그 누가 가여워해주었던가! 다른 사람 같으면 그 근심을 견디지 못했을 것이나 큰 언니만은 몸소 사덕(四德)을 행하며 부드러운 목소리로 겸손하게 형부를 모셨다. 흰 머리 드문드문하고 수심에 잔병도 많았지만 단지 금(琴)을 뜯고 시를 읊으면서 청풍명월(淸風明月)에 기대어 스스로 마음을 달랬다. 나는 언니를 위해 아파하고 경모하지만 아마도 그 깊은 근심에 대해서는 감히 다 서술하지 못할 것이다.

【 해 제 】

방유의가 언니 방맹식의 『인란각시집(紉蘭閣詩集)』에 쓴 서문이다. 방맹식의 『인란각시집』은 일실되어 현재 전해지지 않는데 이 서문을 통해 작품집을 둘러싼 상황들을 짐작해볼 뿐이다. 방유의는 방맹식의 불행한 일생과 안타까운 죽음에 대해 세세하게 서술하며 언니의 인품과 재주를 아낌없이 칭송하였다. 자매간의 진한 애정과 애절한 그리움, 울분, 비통함이 드러나 더욱 감동을 준다. 특히 방맹식의 시가에 울분이 표출된 것이 곧 그녀의 삶의 애환을 반영한 것이라는 방유의의 주장은 마치 우리에게 "시는 곧 그 사람이다"라는 명제를 떠올리게 한다.

상경란 ‖ 商景蘭

未焚集[1]序

吾女德瓊[2]之長逝也, 蓋十有二年矣. 生平吟咏, 十不存一
二, 每一念及, 輒爲惘然. 今春吾壻鄂叔[3]集其遺詩得六十六
首, 將付棗梨[4], 因持示予, 幷請余序. 予撫卷歎息. 摘其警
句, 令諸女孫向月下朗吟, 覺昔時詠絮頌椒[5]風度, 恍在目前,
不禁涕淚交墮.

夫自先忠敏[6]棄世以來, 恃子若女, 相依膝下. 或對雪聯吟,

---

1) 未焚集(미분집): 기덕경(祁德瓊)의 작품집이다. 기덕경의 자는 소화(昭華)
   이고 호는 수언(修嫣)이다. 상경란의 서문이 전해진다.

2) 德瓊(덕경): 상경란의 딸 기덕경(祁德瓊)을 가리킨다. 상경란의 두 아들 기
   이손(祁理孫), 기정손(祁珽孫)과 네 딸 기덕연(祁德淵), 기덕옥(祁德玉),
   기덕경(祁德瓊), 기덕채(祁德茝), 며느리 장덕혜(張德蕙), 주덕용(朱德蓉)
   등은 당시 모두 시를 잘 짓기로 명성이 높았다.

3) 鄂叔(악숙): 상경란의 사위이자 기덕경의 남편 왕악숙(王鄂叔)을 가리킨
   다. 기덕경이 죽은 지 12년 후에 『미분집』을 엮어 판각하였다.

4) 棗梨(조리): 판각하여 인쇄하다. 옛날에는 주로 대추나무나 배나무로 판각
   하였기에 그렇게 칭해졌다.

5) 頌椒(송초): 음력 정월 1일에 초백주(椒柏酒)로 조상에게 제사를 지내거나
   집안 어른들에게 장수를 기원하였던 것을 가리킨다. 『진서(晉書)·열녀전
   (列女傳)·유진처진씨(劉臻妻陳氏)』에 "유진(劉臻)의 처 진씨(陳氏)는
   역시 총명하고 사리분별이 뛰어나며 문장을 잘 지었는데 일찍이 정월 초하
   루에 「초화송(椒花頌)」을 지어 바쳤다(劉臻妻陳氏者, 亦聰辨能屬文, 嘗
   正旦獻「椒花頌」)"라는 문장이 있다.

6) 忠敏(충민): 죽은 남편 충민공(忠敏公) 기표가(祁彪佳)를 가리킨다. 명대

或看花索句, 聊藉風雅, 以卒桑楡[7]. 今幼子見背, 弱女云亡, 卽香奩麗句, 亦僅存片羽[8]. 予復何心, 能無悲悼! 且吾女自幼工詩, 每得句卽爲先忠敏所稱賞.

今旣從先忠敏游地下, 想夜臺[9]中定多佳什. 而未亡人尙延視息[10], 勿獲相從, 是益增吾痛也. 年老多病, 言不能文, 漫書數言, 以誌哀感云爾.

甲寅二月朔

眉生氏[11]題.

『미분집^{未焚集}』 서

내 딸 덕경(德瓊)이 세상을 뜬 지 무릇 12년이나 지났다. 살았을 때 읊조렸던 작품들이 열에 한 둘도 남지 않아 그 생각을 할 때마다 망연자실했다. 올봄 나의 사위 왕악숙(王鄂叔)이 유작시 66수를 모

의 정치가이자 회곡이론가로 『원산당곡품(遠山堂曲品)』이라는 저서를 남겼다.

7) 桑楡(상유): 해가 뽕나무와 느릅나무에 걸렸다는 뜻으로 해질 무렵을 가리킨다. 여기서는 노년이나 만년을 비유적으로 표현한 말로 쓰였다.

8) 片羽(편우): 전설상의 동물인 길광(吉光)의 몸에 난 털 하나. 얼마 남지 않은 아주 진귀한 예술작품을 비유한 말이다.

9) 夜臺(야대): 무덤을 가리킨다. 남조(南朝) 양(梁)나라 심약(沈約)의 「상미인부(傷美人賦)」에 "일찍이 교태로운 미소 펼쳐 보이지도 못하고 홀연히 몸은 무덤 속으로 잠겨버렸네(曾未申其巧笑, 忽淪軀於夜臺)"라는 구절이 있다.

10) 視息(시식): 겨우 눈으로 보고 코로 숨기기만 한다. 겨우 살아가는 모습을 비유한 말이다.

11) 眉生氏(미생씨): 원래 상경란의 자는 미생(媚生)인데 여기서는 미생씨(眉生氏)로 되어있다.

아 판각하려고 하면서 나에게 가지고 와 보여주며 서(序)를 써달라고 부탁하였다. 나는 책을 어루만지며 탄식하였다. 뛰어난 구절을 뽑아내어 여러 손녀들에게 달 아래에서 읊조리게 하였는데 옛날 버들 솜을 읊고 「초화송(椒花頌)」을 짓던 풍모가 어른어른 눈앞에 보이는 것만 같아 걷잡을 수 없이 눈물콧물이 뒤섞여 쏟아졌다.

충민공(忠敏公)이 돌아가신 이후로 나는 아들과 딸만 믿고 슬하에 서로 의지하며 지냈다. 때론 내리는 눈을 바라보며 시를 읊기도 하였고 때로 꽃을 보며 시구를 찾기도 하면서 그렇게 시나 지으며 노년을 마치고자 하였다. 지금 어린 아들은 죽고 연약한 딸도 이처럼 죽었으며 아름다운 구절도 역시 얼마 남아있지 않았다. 그러니 내가 또 무슨 마음으로 애도하지 않을 수 있겠는가! 또 내 딸은 어려서부터 시에 뛰어나 매번 구절을 써낼 때마다 돌아가신 충민공께서 칭찬하고 좋아하셨다.

지금은 돌아가신 충민공을 따라 지하를 노닐고 있으니, 생각하건대 저승에서 훌륭한 시를 많이 지었으리라. 그런데 이 미망인은 아직도 목숨을 부지한 채, 남편과 자식들을 따라가지 못하고 있으니, 이것이 나의 아픔을 더하게 한다. 나이 들고 병도 많아져 말이 글로 이어지지 않으나 몇 마디 말을 대충 써서 애통한 마음을 드러낼 따름이다.

갑인년(1674) 2월 음력 초하루에
미생씨(眉生氏) 씀.

[해 제]

상경란이 요절한 딸 기덕경(祁德瓊)의 작품집 『미분집(未焚集)』에 쓴 서문이다. 『미분집』이 나오게 된 배경 뿐 아니라 상경란과 기덕경의 생애,

그 집안 상황에 대해 알 수 있는 글로 문학적, 사료적 가치가 높은 문장이다. 상경란은 먼저 떠난 남편과 일찍 죽은 딸을 그리면서 행복했던 옛날을 회상하고 현재의 회한과 고통스러움을 애절하게 그려내었다. 현학적이지 않으면서 담백하고 섬세한 상경란의 문장 풍격이 잘 드러난 글이다.

상정백 ‖ 桑貞白

香奩集¹⁾自跋

妾本桑林²⁾中女, 幼荷嚴母庭誨, 日究女訓烈傳經史. 以明古今, 方識漢有曹大家³⁾·中郞女⁴⁾, 晉有竇滔妻⁵⁾, 宋有朱淑眞⁶⁾, 明有朱靜菴⁷⁾, 俱各雋才巧思, 異句佳章行世. 心甚企

---

1) 香奩集(향렴집): 상정백의 시집명. 총 2권으로 상권에는 63수, 하권에는 48수의 시가 실려 있다. 서두에 모곤(茅坤)의 서문, 상정백의 자발(自跋)이 있다.

2) 桑林(상림): 여기서는 상씨(桑氏) 가문에 대한 비유로 쓰였다.

3) 曹大家(조대가): 동한(東漢) 반표(班彪)의 딸이자 반고(班固)의 여동생인 반소(班昭)를 가리킨다. 반고가 『한서(漢書)』를 쓰다가 「표(表)」와 「천문지(天文志)」를 완성하지 못하고 죽자 반소가 완성하였다. 황후와 비빈들의 스승이 되면서 조대가(曹大家)로 불렸다.

4) 中郞女(중랑녀): 동한(東漢) 채옹(蔡邕)의 딸 채문희(蔡文姬)를 가리킨다. 채옹이 좌중낭장(左中郞將)을 지낸 적이 있어 채옹을 채중랑(蔡中郞)이라고 부르기도 한다. 「비분시(悲憤詩)」, 「호가십팔박(胡笳十八拍)」 등의 작품이 있다.

5) 竇滔妻(두도처): 진대(晉代) 두도(竇滔)의 아내 소혜(蘇蕙)를 가리킨다. 자는 약란(若蘭)이다. 『진서(晉書)·열녀전(列女傳)』에 의하면, 두도에게 조양대(趙陽臺)라는 첩이 있었는데 양양(襄陽)으로 귀양살이 가면서 첩만 데리고 떠났다. 소혜가 오색실로 회문시를 써서 두도에게 보내자 두도가 이를 읽고 감동받아 조양대를 보내고 소혜를 불러들였다고 한다.

6) 朱淑眞(주숙진): 송대(宋代) 여성문인이다. 숙정(淑貞)이라도 한다. 생졸년은 미상이다. 작품으로 『단장집(斷腸集)』 2권, 『단장사(斷腸詞)』 1권, 『선기도기(璇璣圖記)』 등이 있다.

7) 朱靜菴(주정암): 주묘단(朱妙端)을 가리킨다. 자는 중한(仲嫻), 호는 정암

慕, 捧誦之餘, 欲追芳躅[8], 慮難脗合[9]. 玆適所天[10], 素耽佳句, 益慰熏陶有自. 時遇明月流天, 芳菲映地, 或風晨雨夕, 輒燒水沈[11], 烹雀舌, 促膝吟哦, 遂忘寢食. 歲久漫成下里[12] 數十百言, 錄成一帙. 少紀閨中漫致, 實非踰閫之言也. 佳人既遠, 比迹爲難, 時一展卷, 徒增歎惘耳.

茅鹿門[13]曰: 桑氏月姝, 嘉禾周逸之[14]妻也, 著香奩集. 余手誦之, 音調淸爽, 綽有唐宋風味. 其自跋更多雋逸之致, 望而知爲名宿.

皇應矦[15]曰: 遠企古人, 又近得所天, 靜菴諸人, 遙欲俯首讓座.

출처: 『고금여사(古今女史)』

(靜庵)이다. 절강성(浙江省) 해녕(海寧) 사람으로 주조(朱祚)의 딸이자 주제(周濟)의 처이다. 작품으로 『정암집(靜庵集)』, 『자이집(自怡集)』이 있다.

8) 芳躅(방촉): 고인의 유적.

9) 脗合(문합): 의견이 일치하다. 생각이 꼭 들어맞다.

10) 所天(소천): 남편.

11) 水沈(수침): 침향목(沈香木).

12) 下里(하리): 시골. 통속작품. 여기서는 자신의 작품을 겸손하게 표현하는 말로 쓰였다.

13) 茅鹿門(모녹문): 명대 산문가 모곤(茅坤)의 별호이다. 자는 순보(順甫)이다. 귀안(歸安, 절강성 오흥(吳興)) 사람으로 『백화루장고(白華樓藏稿)』, 『옥지산방고(玉芝山房稿)』 등의 작품집이 있다.

14) 周逸之(주일지): 상정백의 남편 주리정(周履靖)을 가리킨다. 일지(逸之)는 자이다.

15) 皇應矦(황응후): 생애 미상.

『향렴집香奩集』 자발

　나는 본래 상씨(桑氏) 가문의 딸로 태어나 어려서는 엄한 어머니의 가르침을 받으며 날마다 여훈(女訓)과 열전(烈傳), 경사(經史)를 익혔다. 고금의 사적을 알게 되면서 비로소 한대(漢代)의 반소(班昭)와 채문희(蔡文姬), 진대(晉代)의 소혜(蘇蕙), 송대(宋代)의 주숙진(朱淑眞), 명대(明代)의 주묘단(朱妙端)이 모두 재주가 남다르고 생각이 깊으며 그들의 비범하고 훌륭한 시가 세상에 전해지는 것을 알게 되었다. 깊이 흠모하여 그들이 남긴 시를 받들어 읊조리던 나머지, 그 아름다운 발자취를 따르고자 하였으나 생각만큼 잘 따라가지 못하였다. 그러던 차에 남편에게 시집가게 되었는데 남편은 본디 아름다운 시구 찾기에 심취해 있었기에 그 때부터 더욱 나를 북돋아주고 가르쳐주었다. 때때로 밝은 달이 하늘에 떠오르고 향기로운 꽃 그림자가 땅 위에 비치거나 비바람이 아침저녁으로 불 때면 침향(沈香)을 태우고 작설차(雀舌茶)를 끓여 두 사람은 무릎을 대고 앉아 읊조리면서 먹고 자는 것을 잊기도 하였다. 세월이 흘러 시가 대략 수 백 편이 모이자 이를 기록해 한 질로 엮었다. 규방의 부질없는 정감 같은 것은 거의 적지 않았으나 실로 규방의 문지방을 넘는 글은 아니다. 사랑하는 이는 이미 멀리 떠나 나란히 하고 싶어도 할 수 없기에 한 번 시집을 펼쳐 보지만 그저 원망과 탄식만 더할 뿐이다.

　모녹문(茅鹿門)이 평한다. "상씨(桑氏) 월주(月姝)는 가화(嘉禾) 사람 주일지(周逸之)의 아내로 『향렴집』을 썼다. 내가 직접 읽어보니 음조가 맑고 상쾌하여 당송(唐宋)의 풍모와 맛이 넉넉하다. 직접 쓴 이 발문은 더욱 빼어나니 우러러 상정백의 명성이 높은 이유를 알 수 있다."

황응후(皇應侯)가 평한다. "멀리는 고인을 흠모하고 가까이에는 남편을 따랐으니 주정암(朱靜菴) 등 여러 사람들은 멀리서 머리를 조아리고 상정백에게 자리를 양보해야겠다."

【 해　제 】

상정백이 자신의 작품집 『향렴집(香奩集)』에 쓴 발문이다. 상정백의 생애와 『향렴집』의 창작배경에 대해 파악할 수 있는 중요한 자료로 이 글을 통해 남편 주리정이 상정백의 시 창작을 매우 적극적으로 도와주었음을 알 수 있다. 향렴(香奩)은 향을 담는 상자를 가리키는 말로 일찍이 당대(唐代) 한악(韓偓)이 『향렴집』을 쓴 이후로 향렴체(香奩體)는 미인을 읊는 농염하고 화려한 시풍을 가리키는 말이 되었다. 그런데 상정백은 "규방의 부질없는 정감 같은 것은 거의 적지 않았다(少紀閨中漫致)"고 하면서, 비록 향렴체 시가이지만 섬려한 이미지로 일관하지 않았음을 밝히고 있다. 이 때문에 『당송팔대가문초(唐宋八大家文鈔)』를 엮고 당송파(唐宋派)의 일원이라 일컬어지던 모곤(茅坤)으로부터 "당송의 풍모와 맛이 넉넉하다(綽有唐宋風味)"는 평을 얻을 수 있었다.

서범 ‖ 徐範

玉臺名翰[1]跋

古來名姬傳於史冊及稗官野史所載, 或以淑質麗藻, 或以節烈文才, 不可勝計. 綠窓[2]閒靜, 間一寓目, 令人擊節羨慕, 低回讀之, 不能置之.

至於能書者, 代不數人. 往歲從嫂氏過吳興[3], 得獲管夫人仲姬[4], 比玉曹妙淸[5], 及自然道人張妙淨[6]三紙. 讀其詩與尺

---

1) 玉臺名翰(옥대명한): 서범(徐範)이 고대 여성서예가의 작품을 모아 편찬한 책이다. 위부인(衛夫人), 오채란(吳采鸞), 설도(薛濤), 호혜재(胡惠齋), 장묘정(張妙靜), 주숙진(朱淑眞), 관도승(管道昇) 등 8명의 서법이 1권으로 묶여 있다.

2) 綠窓(녹창): 규방.

3) 吳興(오흥): 절강성(浙江省) 호주시(湖州市).

4) 管夫人仲姬(관부인중희): 관도승(管道昇)이다. 관도승은 자가 중희(仲姬), 화정(華亭, 상해시(上海市) 청포(靑浦)) 사람으로 원대(元代) 유명한 여성 서예가이다. 저서로는 『묵죽보(墨竹譜)』 1권이 있고 작품으로는 「수죽도권(水竹圖卷)」, 「추심첩(秋深帖)」, 「산루수불도(山樓綉佛圖)」, 「장명암도(長明庵圖)」 등이 있다.

5) 比玉曹妙淸(비옥조묘청): 조비옥(曹比玉)이다. 조비옥은 구체적인 생애를 알 수 없으나, 『옥대명한(玉臺名翰)』에 그녀의 서예 작품이 수록되어 있어 글씨에 뛰어났음을 알 수 있다.

6) 自然道人張妙淨(자연도인장묘정): 원대(元代)의 여성 서예가이다. 장묘정(張妙淨)의 자는 혜련(蕙蓮)이며 만년에는 고소(姑蘇, 강소성(江蘇省) 소주(蘇州))의 춘몽루(春夢樓)에서 머물렀다. 저서로는 『자연도인집(自然道人集)』이 있으나 현재 전하지 않는다.

牘, 想慕其風采, 恨不與此人同時也. 於是留心蒐討, 計得數紙. 吳采鸞[7]之機淸筆秀, 沈淸友[8]之妙趣入神, 朱淑眞[9]秀骨天成, 風華蘊藉, 大爲快意. 是謂世間無其匹者. 今春聞吾邑項氏[10]家藏衛夫人[11]一幀, 長孫后[12]一幀, 爲絶代翰寶, 百計購求, 終莫能得. 因托至戚致其夫人, 夫人憐範一段苦心, 從臾[13]轉贈, 遂不惜傾橐酬之. 噫! 世間之勝事難全也. 嗣後復承嫂氏贈余薛濤[14]一牋, 惠齋女史[15]"月到風來"四字, 始

---

7) 吳采鸞(오채란): 당대(唐代)의 여성서예가이다. 오채란이 쓴 해서 작품은 종유(鍾繇)·왕희지(王羲之)의 필의(筆意)가 있으며 힘이 있고 고아하다고 한다.

8) 沈淸友(심청우): 송대(宋代) 여성으로 서예에 뛰어났다고 한다.

9) 朱淑眞(주숙진): 송대의 여성사인(詞人)이다. 자는 숙정(淑貞), 호는 유서거사(幽栖居士)이며 전당(錢塘, 절강성 항주(杭州)) 사람이다. 시사에 능하고 음률에 능통하였으며 서예와 그림에도 뛰어났다. 저서로는 후인이 모은 『단장집(斷腸集)』2권, 『단장사(斷腸詞)』1권 및 『선기도기(璇璣圖記)』가 있다.

10) 項氏(항씨): 항난정(項蘭貞)으로 추정된다. 항난정의 자는 맹원(孟畹), 수수(秀水, 절강성 가흥(嘉興)) 사람으로, 서범과 같은 마을 사람이다.

11) 衛夫人(위부인): 이름은 삭(鑠), 자는 무의(茂漪), 자서(自署)는 화남(和南)으로, 하동(河東) 안읍(安邑, 산서성(山西省) 하현(夏縣)) 사람이다. 동진(東晉)의 여성서예가이며 왕희지(王羲之)의 스승이라고 전해진다. 종요(鍾繇)를 스승으로 섬겼으며 특히 예서(隸書)에 뛰어났다. 작품인 『순화각첩(淳化閣帖)』과 서론(書論)인 『필진도(筆陣圖)』가 전해진다.

12) 長孫后(장손후): 장손황후(長孫皇后)는 하남성(河南省) 낙양(洛陽) 사람으로, 조상은 북위(北魏)의 탁발씨(拓跋氏)이며 후에 종실의 장(長)이 되었다고 해서 장손(長孫)으로 불렸다. 그녀는 13세에 이세민(李世民)에게 시집갔다가 후에 황후가 되었으며 죽은 후에 소릉(昭陵)에 안장되었다.

13) 從臾(종유): 비위를 맞추다. 부추기다.

14) 薛濤(설도): 당대 여성시인이자 명기(名妓)이다. 자는 홍도(洪度)이며 장안(長安, 섬서성(陝西省) 서안(西安)) 사람이다. 아버지 설운(薛鄖)을 따라 촉(蜀) 땅으로 들어왔다가 아버지가 죽은 뒤 악기(樂妓)가 되었다. 설도는 서예에도 뛰어났으며 특히 행서(行書)를 잘 써 위부인의 풍모가 있었다고 한다. 저서로는 『금강집(錦江集)』5권이 있으나 지금 일실되어 전하지 않

滿夙願. 迺命工裝潢, 彙爲一卷, 得朝夕展對, 生平之志畢於
是矣! 吁! 前代名跡, 世不恒有, 況閨中賢媛乎? 後之覽者,
幸勿輕之可也.

檇李16)徐範記於淨香居.

출처 : 『역대부녀저작고(歷代婦女著作考)』

『옥대명한玉臺名翰』 발

옛날부터 이름난 여성들은 역사책이나 패관(稗官), 야사(野史)에
실리어 전해지는데, 어떤 이는 수려한 자질과 화려한 문장 때문에,
어떤 이는 정절과 글재주 때문에 전해져 그 수를 헤아릴 수 없을
정도다. 나는 규방에서 한가로이 지내다가 어쩌다 한번 씩 읽었는
데, 그 내용이 어찌나 사람으로 하여금 무릎을 치게 하고 흠모하게
만드는지 되풀이하여 읊조리느라 손에서 놓지 못하였다.

그러나 서예에 능한 사람으로 말하자면 대대로 몇 명 되지 않는
다. 이전에 올케를 따라 오흥(吳興)에 갔다가 관부인(管夫人) 중희
(仲姬)와 비옥(比玉) 조묘청(曹妙淸), 자연도인(自然道人) 장묘정
(張妙淨)의 글씨 3장을 얻었다. 그들의 시와 편지를 읽고서 그들의
풍모를 사모하게 되어, 나는 그들과 같은 시대에 태어나지 못한 것
을 한스러워했다. 이에 마음을 기울여 수집하게 되었는데, 세어보니

는다.

15) 惠齋女史(혜재여사): 호혜재(胡惠齋)이다. 송대 사인으로, 평강(平江, 강
　　소성 소주) 사람이다. 호원공(胡元功)의 딸이자 상서(尙書) 황유(黃由)의
　　아내이다.

16) 檇李(취리): 절강성 가흥현.

제법 여러 장이 되었다. 오채란(吳釆鸞)은 기틀이 맑고 필치가 수려하며, 심청우(沈淸友)는 오묘한 풍취로 입신(入神)의 경지에 이르렀고, 주숙진(朱淑眞)은 빼어난 골력이 자연스럽게 이루어지고 풍채와 재주가 함축되어 있어서 내 마음에 매우 흡족하게 여겨졌다. 이들을 두고 세상에 필적할 자가 없다고 하는 것이리라. 올봄에 우리 마을 항씨(項氏) 집에서 위부인(衛夫人)의 족자 하나와 장손후(長孫后)의 족자 하나를 소장하고 있다는 말을 들었는데, 세상에 둘도 없는 보물이라 갖은 방법을 다해 사들이려 하였으나 끝내 손에 넣을 수 없었다. 그래서 나의 가까운 친척에게 부탁해 항부인에게 알리자 부인은 나의 고심을 어여삐 여기시어 내 뜻에 응하시며 사람 편에 증정해주시니, 나 또한 기꺼이 주머니를 다 털어 그 뜻에 사례하였다. 아! 세상의 훌륭한 것들을 온전히 다 모으기란 쉽지 않은 법이다. 그 후로 다시 올케가 나에게 설도(薛濤)의 편지 한 장과 혜재여사(惠齋女史)의 "달이 뜨니 바람이 불어온다[月到風來]"라는 네 글자를 주어서 비로소 나의 숙원이 채워졌다. 이에 장인(匠人)에게 표구를 부탁해 한 권으로 모아 아침저녁으로 펼쳐놓고 마주할 수 있게 되었으니 평소의 뜻을 여기에서 이루었구나! 아! 이전 시대 명인의 필적도 세상에 항상 있는 것이 아닌데, 하물며 규방 여성의 글씨야 어떠하겠는가? 뒤에 이 책을 보는 사람들이 가볍게 여기지 않길 바란다.

취리(檇李)의 서범이 정향거(淨香居)에서 씀.

·························· 【 해 제 】

서범이 역대 여성서예가의 작품을 수집하여 엮은 『옥대명한(玉臺名翰)』에 쓴 발문이다. 여성서예가의 작품만 수집한 작품집은 서예사(書藝史)에서도 매우 중요하지만 당시 여성문인들의 취미활동을 파악할 수 있어 생활사(生活史) 방면으로도 귀중한 자료이다. 이 작품집을 통해 여성문인들의 문학 작품뿐 아니라 서예와 그림 등에 대해서도 그 가치를 인정하고 수집하기 시작하였던 정황을 엿볼 수 있다.

『옥대명한』의 청대 탁본

심무비 ‖ 沈無非

聚沙元倡[1]序

是編爲箕國[2]士女許景樊[3]詩若文. 秀色逼人, 咄咄[4]無脂粉氣. 昔稱絳仙[5]可療飢, 女豈其儔伍[6]耶? 間剽古人, 如水屋珠扉一二語, 然肖景處, 故不害爲畫師後身. 世母曰龜茲[7]王

---

1) 聚沙元倡(취사원창): 허난설헌(許蘭雪軒)의 작품집이다. 안휘성(安徽省) 흡현(歙縣) 사람 반지항(潘之恒)이 만력(萬曆) 40년(1612)에 허난설헌의 시 168수를 선집하여 『취사원창(聚沙元倡)』이라는 제목으로 판각하였고 이를 자신의 문집 『긍사(亘史)』에 수록하였다. 오언고시 14수, 칠언고시 11수, 오언율시 6수, 칠언율시 14수, 오언절구 20수, 칠언절구 103수, 산문 「백옥루상량문(白玉樓上梁文)」이 수록되어있다.

2) 箕國(기국): 조선(朝鮮)을 가리킨다.

3) 許景樊(허경번): 본명은 초희(楚姬), 호는 난설헌(蘭雪軒)이다. 경번(景樊)은 별호이다. 선조 22년(1589) 27세로 요절하였다. 그 동생인 허균(許筠)이 작품들을 수집하여 1608년에 『난설헌집(蘭雪軒集)』을 간행하였다.

4) 咄咄(돌돌): 탄식이나 놀람을 나타내는 의성어.

5) 絳仙(강선): 수(隋) 양제(煬帝)의 후궁이다. 당대 안사고(顔師古)의 『대업습유기(大業拾遺記)』에는 "수양제가 일찍이 미녀 오강선(吳絳仙)을 너무도 총애하여 말하기를 '옛 사람들이 여성의 미색은 한 끼 밥과도 같은 것이라 하였는데 강선의 미모가 가히 요기가 될 만하다'고 하였다(隋煬帝曾寵幸美女吳絳仙, 云: 古人言秀色若可餐, 如絳仙眞可療飢矣)"라는 문장이 있다.

6) 儔伍(주오): 무리.

7) 龜茲(구자): 서한(西漢) 시기 신강(新疆) 일대에 있었던 나라 이름이다. 『한서(漢書)·서역전(西域傳)』에 따르면, 구자국의 왕 강빈(絳賓)이 한나라에 조공을 바치러 왔다가 그 문물제도를 흠모하여 자신의 나라로 돌아간

所謂贏也而易之.

無非氏題于密雲[8]之深深齋.

출처 : 『역대부녀저작고(歷代婦女著作考)』

『취사원창^{聚沙元倡}』 서

이 책은 조선의 사대부 여성 허경번(許景樊)의 시와 문장을 엮은 것이다. 놀라울 정도로 수려하고 글속에 화장기가 들어 있지 않았다. 예전에 강선(絳仙)의 미모가 보는 사람의 허기를 채워줄 수 있다고 일컬어졌는데 허경번이 혹 그러한 무리가 아닐까? '수옥(水屋)'이나 '주비(珠扉)' 등 한두 마디 말은 간간히 고인에게서 훔쳐온 것이지만 빼어난 풍경을 그려내는 데 화가의 후예가 되기에 손색이 없다. 세상 사람들아! 구자국(龜玆國) 왕처럼 이른바 당나귀도 말도 아닌 노새라 하며 업신여기지 말라.

심무비(沈無非)가 밀운(密雲)의 심심재(深深齋)에서 씀.

【 해   제 】

심무비가 허난설헌의 작품집 『취사원창』에 쓴 서문이다. 심무비는 허난설헌의 작품에 비록 중국 고인의 작품을 본뜬 부분이 있기는 하지만, 구자

뒤 모든 것을 한나라 방식으로 따라하였다. 그것을 본 주변 나라에서는 이를 비웃으며 "나귀가 나귀 같지 않고 말이 말 같지 않으니 구자국 왕은 이른바 노새와 같다(驢非驢, 馬非馬, 若龜玆王所謂贏也)"고 하였다.

8) 密雲(밀운): 순천부(順天府, 북경 내에 속한 지역)에 속한 현.

국왕이 노새로 폄하되었던 것처럼 사이비한 것은 절대 아니라고 하면서 허난설헌의 독창성과 예술성을 높이 평가하였다. 또한 "놀라울 정도로 수려하고 글속에 화장기가 들어 있지 않았다(秀色逼人, 咄咄無脂粉氣)"라고 하였던 것에서 당시 심무비가 추구하였던 창작 경향이 화려하지 않으면서 우아한 풍격이었음을 알 수 있다. 허난설헌의 작품이 중국에서 판각되었던 상황을 통해 일찍이 명대와 조선 시기에 여성문학이 서로 교류되고 있었음을 알 수 있는데 이 글은 한중 비교문학 연구에 중요한 자료라 하겠다.

허난설헌의 「난초」

강릉 허난설헌 시비(詩碑)

심의수 ‖ 沈宜修

伊人思[1] 自序

世選名媛詩文多矣. 大都習於沿古, 未廣羅今. 太史公傳管晏[2]云, "其書世多有之, 是以不論, 論其軼事", 余竊倣斯意, 旣登琬琰[3]者, 弗更採擷[4]. 中郞[5]帳秘, 迺稱美譚. 然或有已行世矣, 而日月潭焉, 山川阻之, 又可歎也. 若夫片玉流聞, 幷及他書散見, 俱爲彙集, 無敢棄云. 容俟博蒐, 庶期燦備爾.

---

1) 伊人思(이인사): 심의수가 총 18명의 여성문인들의 시문을 선집한 작품집. 『오몽당집(午夢堂集)』권1에 수록되어있다.

2) 太史公傳管晏(태사공전관안): 『사기(史記)·관안열전(管晏列傳)』을 가리킨다.

3) 琬琰(완염): 아름다운 옥의 일종. 여기서는 잘 알려지고 유명한 작품에 대한 비유로 쓰였다.

4) 採擷(채힐): 손으로 가려 뽑다.

5) 中郞(중랑): 중랑은 동한(東漢)의 문인이자 학자인 채옹(蔡邕)을 가리킨다. 『태평어람(太平御覽)』권602에 다음과 같은 말이 있다. "왕충이 지었다는 『논형』을 북방에서는 얻어 본 자가 없었다. 채백개(蔡伯喈)가 일찍이 강동으로 갔다가 그것을 얻었는데, 문장이 고상한 것이 웬만한 사람들을 뛰어넘는지라 감탄하였다. 중원으로 돌아오자 여러 학자들은 그의 고준담론이 더욱 심원해진 것을 느끼고, 혹 이서(異書)라도 얻지 않았나 의심했다. 어떤 사람이 채옹의 휘장 은밀한 곳을 뒤졌더니 과연 『논형』이 있기에 몇 권을 가지고 갔다. 채백개는 '이 책은 우리 둘만 공유하세. 널리 퍼뜨리지 말게.'라고 말했다.(王充所著論衡, 北方都未有得之者. 蔡伯喈常到江東得之, 歎其文高, 度越諸子. 及還中國, 諸儒覺其談論更遠, 嫌得異書. 或搜求其帳中隱處, 果得『論衡』, 捉取數卷持去. 伯喈曰: '惟吾與汝共之, 弗廣也')."

출처: 『역대부녀저작고(歷代婦女著作考)』

『이인사伊人思』 자서

세상에는 이름난 여성들의 시문 선집이 많다. 그러나 대부분 옛날 것을 따르는 데 익숙하지 지금의 것은 두루 망라하지 않았다. 『사기(史記)·관안열전(管晏列傳)』에 "그 책은 세상에 많이 전해졌으므로 여기서는 논하지 않고 사람들에게 잘 알려지지 않은 일을 논하겠다"라고 하였으니 나도 내 마음대로 그 뜻을 따라 이미 잘 알려져 문집에 수록된 글들은 재차 수록하지 않았다. 채중랑(蔡中郎)이 글을 휘장 속에 몰래 간직하는 것이 세상에는 미담으로 전해진다. 그런데 혹 세상에 이미 전해졌으나 세월에 파묻히고 산천에 가로막혔을 수 있으니 이 또한 탄식할 노릇이다. 주변에서 떠돌아다니는 아름다운 문장의 편린들과 다른 서적에서 흩어져 보이는 글들을 모두 모아 수록하고 감히 내버리지 않았다. 더 널리 수집하기를 느긋하게 기다리며 찬란하게 갖추어지기를 기대할 따름이다.

· 【 해 제 】

심의수가 여성문인들의 시문을 선집한 『이인사』에 쓴 서문이다. 『이인사』에는 총 46명의 여성문인들의 시문이 실려 있는데 현재 『오몽당집』 권1에 수록되어 있다. 심의수는 여성작가들의 훌륭한 글들이 흩어져 전해지지 않은 것에 대해 안타까워하면서 『이인사』를 내었다. 『이인사』는 당시 잘 알려지지 않은 여성문인들의 작품들을 발굴, 보존하였다는 점에서 사료적 가치가 매우 클 뿐 아니라, 여성문인이 최초로 다른 여성문인들의 작품을 수집하였다는 점에서 문학사적 가치가 매우 높은 작품집이다.

명대 중엽부터 여성의 시가(詩歌) 선집(選集)을 엮는 일은 강소(江蘇)와 절강(浙江) 일대에서 상당히 유행하였다. 특히 가정(嘉靖) 36년(1557) 전당(錢塘)의 문인 전예형(田藝衡)이 명대 여성문인들의 시가를 수록하여 『시여사(詩女史)』를 내자, 그 뒤를 이어 『고소신각동관유편(姑蘇新刻彤管遺編)』『신각동관적기(新刻彤管摘奇)』 등의 선집들이 나왔다. 이러한 추세에 힘 입어 무작정 선록(選錄)하는 것이 아니라 자신만의 문학적 주관을 가지고 작품을 선별, 수록한 선집이 등장하였는데 그 대표적인 예가 바로 『이인사』이다. 문학 명문가 오강(吳江) 심씨(沈氏)답게 심의수는 남들이 이미 수록한 것은 생략하고 세상에 알려지지 않은 작품을 위주로 선별하는 까다로운 잣대를 사용하고 있다. 한 편의 글이라도 시공의 간극으로 인해 그 훌륭한 전모가 후세에 전해지지 못할까 걱정하는 마음이 짤막한 서문에서 잘 드러났다.

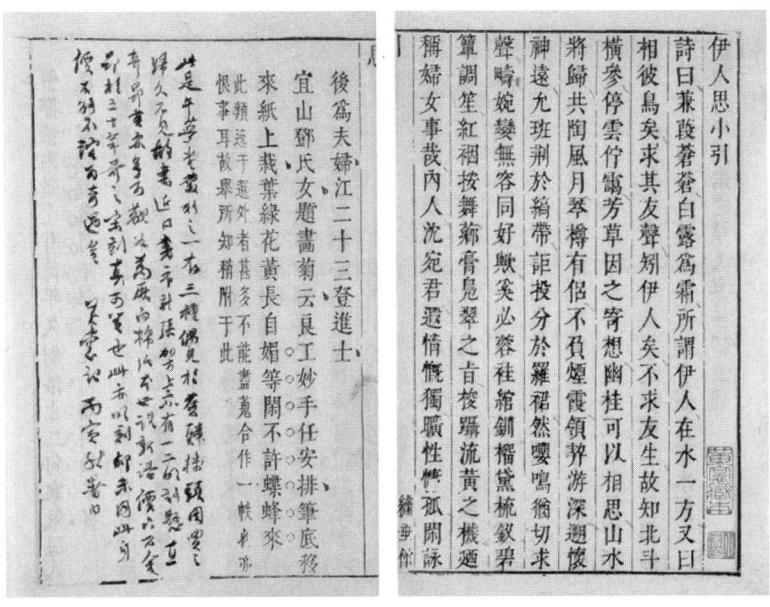

『이인사』 소인(小引) 일부

剩玉篇6)序

挹芬7)周媛, 爛溪8)世族也. 去余家僅三舍, 故稔知其聰穎
倩麗, 善畫工詩詞. 癸亥歲, 仲韶9)駐帷其家, 與媛諸荊花10)
相麗澤11), 則正歌夭桃12)時也. 屋梁落月13), 余每思風度, 實
深蒹葭14)之懷. 然仲韶方以季長絳帳15), 余固無緣窺道蘊絮

---

6) 剩玉篇(잉옥편): 주혜정(周慧貞)의 저작으로, 현재 전하지 않아 정확한 내
   용은 알 수 없다. 다만 심의수(沈宜修)의 『이취집(鸝吹集)』에 이 서문이
   「주읍분시서(周挹芬詩序)」로 기록되어 있는 것으로 보아 시집인 것으로
   추정된다.

7) 挹芬(읍분): 주혜정(周慧貞)의 자이다. 주혜정은 오강(吳江, 강소성(江蘇
   省) 오강현(吳江縣)) 사람으로 주문형(周文亨)의 딸이다. 취리(檇李, 절강
   성(浙江省) 가흥현(嘉興縣)) 사람 황정(黃婷)에게 시집갔으나 요절했다.

8) 爛溪(난계): 강소성 오강현 근처의 강.

9) 仲韶(중소): 심의수의 남편인 엽소원(葉紹袁)이다. 엽소원은 자가 중소, 별
   호는 천료(天寥)로, 천계(天啓) 연간에 진사가 되어 공부주사(工部主事)를
   지냈다.

10) 荊花(형화): 박태기나무 꽃으로 한 가지에 꽃이 무성하게 피기 때문에, 형
    제를 가리키는 말로 쓰인다.

11) 麗澤(여택): 은택을 베풀다. 여기서는 공부를 가르친다는 뜻으로 쓰였다.

12) 夭桃(요도): 시집가다. 이 말은 『시경(詩經)·주남(周南)·도요(桃夭)』의
    "싱싱한 복숭아나무여! 화사한 꽃 피었네. 시집가는 아가씨여! 한 집안을
    화락케 하리(桃之夭夭, 灼灼其華. 之子于歸, 宜其室家)에서 나왔다.

13) 屋梁落月(옥량낙월): 지붕 위로 달빛 떨어지네. 친구를 간절히 그리워하는
    정을 비유한다. 이 말은 두보(杜甫)의 「몽이백(夢李白)」의 "지붕 위로 가
    득 떨어지는 달빛에, 그대 얼굴이 비치는 것만 같네(落月滿屋梁, 猶疑照
    顔色)"에서 나왔다.

14) 蒹葭(겸가): 원래 갈대를 말하지만 여기에서는 이상적인 인물을 그리워한
    다는 뜻으로 쓰였다. 이 말은 『시경(詩經)·진풍(秦風)·겸가(蒹葭)』의
    "갈대는 푸르른데, 흰 이슬은 서리가 되어 가네. 바로 그이는 강물 저쪽에
    있는데(蒹葭蒼蒼, 白露爲霜. 所謂伊人, 在水一方)"에서 나왔다.

15) 季長絳帳(계장강장): 계장(季長)은 한대(漢代) 마융(馬融)의 자(字)이다.

庭16)耳. 但聞媛家左控鶯湖17), 湖固煙波最勝者也. 春則飛霞掩映, 晴霧空濛, 流紅18)蕩漾, 與風帆競落. 秋則水天上下, 澄瀾橫碧, 蟾輝一色, 藻荇繚繞, 如鏡中. 朝嵐夕景, 殆盡收之湖, 而湖之秀又盡鍾於媛者歟! 已仲韶謝主人去長安, 客夢遊塵數年, 挹芬亦從黃公子19)歸檇李20), 無緣得更相聞矣. 辛未, 締松蘿21)之盟於媛仲昆, 方以兒女至戚. 藉此識令暉22)非難, 私心固甚樂也. 詎意造物妬才, 使余十年溯洄23)之思, 徒

『후한서(後漢書)·마융전(馬融傳)』에 따르면 "마융은 재주가 높고 박식하여 세상의 통유(通儒)로서 제자들을 가르쳤는데, 항상 수천 명씩 모였다……그는 항상 고당(高堂)에 앉아 붉은 비단 장막을 쳐놓고 앞에서는 제자를 가르치고 뒤에는 가기(歌妓)들을 배열하였다(融才高博洽, 爲世通儒, 敎養諸生, 常有千數……常坐高堂, 施絳紗帳, 前授生徒, 後列女樂)"라고 한다. 그 후로 강장(絳帳)은 강연을 하는 자리나 스승의 뜻으로 쓰인다. 여기에서는 엽소원이 주혜정 자매들을 가르쳤음을 말한다.

16) 道蘊絮庭(도온서정): 도온(道蘊)은 사도온(謝道韞)이다. 서정(絮庭)은 『세설신어(世說新語)·어언(語言)』에서 사도온이 눈이 날리는 것을 보고 "버들개지가 바람에 날리네(柳絮因風起)"라고 읊은 것에서 나왔다.

17) 鶯湖(앵호): 앵두호(鶯脰湖). 강소성 오강현 서쪽에 위치하며 북쪽으로 태호(太湖)와 접해 있다. 호수의 모습이 꾀꼬리 목을 닮았다고 해서 앵두호로 이름 붙여졌다.

18) 流紅(유홍): 물 위에서 일렁이는 낙화(落花).

19) 黃公子(황공자): 주유분의 남편인 황정(黃婷)이다.

20) 檇李(취리): 절강성 가흥현.

21) 松蘿(송라): 소나무겨우살이. 소나무에 기생하기 때문에, 부부 금슬이 좋은 모습을 비유한다. 여기에서는 혼인을 맺는다는 의미로 사용되었다.

22) 令暉(영휘): 포영휘(鮑令暉). 남조(南朝) 포조(鮑照)의 여동생으로, 애정시를 잘 지었다. 여기에서는 포영휘처럼 재주가 뛰어났던 주유분을 가리킨다.

23) 溯洄(소회): 거슬러 올라가다. 여기서는 이상적인 인물을 그리워한다는 뜻으로 쓰였다. 이 말은 『시경(詩經)·진풍(秦風)·겸가(蒹葭)』의 "갈대는 푸르른데, 흰 이슬은 서리가 되어 가네. 바로 그이는 강물 저쪽에 있는데. 물결 거슬러 올라가 그를 따르려니, 길이 험하고도 멀고, 물결따라 건너가 그를 따르려니, 여전히 강물 가운데 있네(蒹葭蒼蒼, 白露爲霜. 所謂伊人, 在水一方. 溯洄從之, 道阻且長. 溯游從之, 宛在水中央)"에서 나왔다.

付之瘝想耶?

余諸弱息, 自小時亦即學爲詩, 季女瓊章[24]才色幷茂, 德容兼備. 壬申, 年十七, 遽有隕珠[25]之痛, 悲悼未幾, 又亡長女, 亦止二十有三. 仲韶爲檢其遺篇刻『返生香』·『愁言』二集, 使人凄酸. 每誦白少傅[26]"彩雲易散[27]"之句, 以爲千古傷心, 彼蒼於我兩女亦若故肆此奇毒者! 及睹『挹芬傳略』, 則始信混茫小兒, 其於搥明珠, 砍玉樹, 無情伎倆, 用之熟矣. 卽如孟晼[28]·柔嘉[29]與今挹芬, 一家之中, 鼎足三矣, 夢夢者眞豈可問耶?

余固恨未識挹芬. 今讀其詩若詞, 益悲傷無已. 且又因挹芬而益濟濟爲兩女濕衫袖矣. 故非敢爲序, 聊書余數載夙懷也.

출처: 『**역대부녀저작고**(歷代婦女著作考)』

『잉옥편^{剩玉篇}』 서

---

24) 瓊章(경장): 심의수의 딸 엽소란(葉小鸞)의 자이다. 엽소란은 자를 요기(瑤期)라고도 했으며 작품집으로는 『반생향(返生香)』이 있다.

25) 隕珠(운주): 구슬을 잃어버리다. 여기서는 딸의 죽음을 말한다.

26) 白少傅(백소부): 당대(唐代) 시인 백거이(白居易)이다. 백거이가 태자소부(太子少傅)를 지냈기 때문에 백소부라고 부른다.

27) 彩雲易散(채운이산): 꽃구름이 쉽게 흩어지다. 이 말은 백거이의 「간간음(簡簡吟)」중 "소씨(蘇氏)집 막내딸 이름은 간간(簡簡)으로, 부용꽃의 볼과 버들잎의 눈을 지녔다……대부분의 좋은 물건은 견고하지 않으니 꽃구름은 쉽게 흩어지며 유리는 부서진다(蘇家小女名簡簡, 芙蓉花腮柳葉眼,……大都好物不堅牢, 彩雲易散琉璃脆)"에서 나왔다. 여기에서는 자신의 막내딸이 일찍 죽은 것에 대한 상심을 표현했다.

28) 孟晼(맹원): 명대(明代) 시인 항난정(項蘭貞)을 말한다. 항난정은 수수(秀水, 절강성 가흥) 사람이다.

29) 柔嘉(유가): 청대(淸代) 시인 요영칙(姚令則)을 말한다. 요영칙은 14세에 황나비(黃羅扉)에게 시집갔고, 저서로는 『반월루집(半月樓集)』이 있다.

재원인 주읍분(周挹芬)은 오강(吳江)의 명문가 출신이다. 우리 집과는 단지 90리밖에 떨어져 있지 않아서 나는 주읍분이 총명하고 고우며 그림을 잘 그리고 시사(詩詞)에 능하다는 것을 잘 알고 있었다. 계해년(癸亥年, 1623)에 내 남편이 주읍분의 집에 머물면서 그 자매들을 가르쳤는데, 당시 주읍분은 시집가는 것을 노래한 「도요(桃夭)」를 부르기에 딱 알맞은 나이였다. 지붕 가득 달빛이 쏟아질 때면 나는 늘 주읍분의 풍모를 그리워했으니, 그리움의 정이 실로 깊었던 것이다. 그러나 내 남편이 [주읍분의 자매들에게] 공부를 가르칠 당시에 나는 정말로 주읍분에게서 사도온의 버들개지 정원을 엿볼 인연이 없었다. 단지 주읍분의 집 왼편에 앵호(鶯湖)가 있었는데, 앵호는 정말로 물안개로 가장 멋진 곳이라고 들었었다. 봄이면 날아갈 듯한 노을이 덮어 비추고 맑은 안개가 자욱이 끼며 강에는 일렁이는 낙화(落花)가 돛단배와 다투듯 넘실댔다. 가을이면 하늘과 호수가 한 줄기 푸른빛으로 가로 빗긴 채 달빛과 어우러져 한 색이 되고, 물풀과 마름이 어지러이 얽혀 있어서 마치 거울 속과 같았다. 아침 이내와 저녁의 그림자가 모조리 호수 속에 들어 있고, 호수의 수려한 절경이 또 주읍분 한 사람에게 모였구나! 이미 내 남편은 주인에게 작별인사를 하고 장안(長安)으로 떠나 나그네로 몇 년 동안 속세를 떠돌아다녔고 주읍분도 황공자(黃公子)를 따라 취리(橋李)로 시집을 가서 서로 소식을 들을 길 없었다. 신미년(辛未年, 1631)에 우리 집은 주읍분의 형제와 혼인을 맺어 비로소 자녀들끼리 가까운 친척이 되었다. 그 덕분에 포영휘(鮑令暉) 같은 주읍분을 어렵지 않게 사귈 수 있게 되었기에 마음속으로 몰래 매우 기뻐했다. 조물주가 주읍분의 재주를 질투하여 빼앗아감으로써 십년 동안 주읍분을 생각하던 나의 마음을 오매불망 하염없는 그리움으로 바꾸어 놓을 줄 어찌 알았겠는가?

나의 딸들도 어려서부터 또한 시를 배웠는데, 그 중 막내딸 경장(瓊章)은 재주와 미모가 모두 뛰어나고 덕행과 용모를 겸비하였다. 임신년(壬申年, 1632)에 나는 경장이 17살의 나이에 갑자기 죽어 구슬을 잃는 고통을 당했으며 슬픔에 잠긴지 얼마 되지도 않아 또 큰 딸마저 죽으니 딸의 나이 겨우 23살이었다. 내 남편은 딸들이 남긴 작품을 정리하여 『반생향(返生香)』과 『수언(愁言)』 두 문집을 판각했는데, 사람의 마음을 쓰리게 했다. 나는 매번 백거이(白居易)의 "꽃구름은 쉽게 흩어진다(彩雲易散)"는 구절을 읊을 때마다 천고의 상심사라 여겼더니, 저 하늘이 내 두 딸에게까지 이전처럼 이 지독한 독을 함부로 사용하였구나! 『읍분전략(挹芬傳略)』을 보게 되어서야 몽매한 어린놈이 명주(明珠)를 깨고 옥수(玉樹)를 베는 무정한 기술을 익숙하게 사용한다는 사실을 비로소 믿게 되었다. 그러한 즉 항난정(項蘭貞)과 요영칙(姚爭則) 그리고 지금의 주읍분은 일가를 이룬 무리 중에 세 솥발처럼 나란히 설 수 있지만, [주읍분의 죽음을] 저 무지몽매한 하늘에게 어찌 따져 물을 수나 있겠는가?

나는 진실로 주읍분과 사귀지 못한 것이 한스럽다. 지금 주읍분이 쓴 시와 사를 읽으니 더욱 슬픔을 그칠 수 없다. 게다가 또 주읍분 때문에 더욱 두 딸이 생각나 눈물이 줄줄 흘러 옷소매를 적신다. 그래서 감히 서문은 짓지 못하고 그저 나의 몇 년 동안 쌓인 회포만을 적을 뿐이다.

[해 제]

심의수가 주혜정의 작품집인 『잉옥편』에 쓴 서문으로 심의수의 『이취집(鸝吹集)』에는 「주읍분시서(周挹芬詩序)」라는 제목으로 수록되어 있다. 이 글을 통해 심의수와 주혜정의 집안이 서로 교류하며 지냈던 상황이나 당시 귀족 가문에서 딸 교육에 정성을 쏟았던 정황 등을 살펴볼 수 있다.

또한 심의수는 서문의 많은 편폭을 자신의 딸을 잃은 슬픔을 서술하는 데 할애하고 있는데, 주혜정이 뛰어난 재주를 가지고 있음에도 젊은 나이에 요절한 사실을 자신의 딸과 동일시하며 더욱 안타까워하고 있는 모습을 엿볼 수 있다. 현재 주혜정에 대한 기록은 거의 전해지지 않는 상황으로, 그 생애와 작품세계를 파악할 수 있다는 점에서 이 글의 문학적, 사료적 가치는 매우 높다.

심정전 ‖ 沈靜專

▌ 適適草1)自序 ▌

余家世松陵2). 見先大人3)業掌臺垣4), 貧無饘粥5), 而陶然
一室, 銳意詠謌. 凡諸黨族6)以爲, 方今貴人, 帑私金穴7), 日
且攢眉, 寵壓火城8), 夜行不止. 先大人位不過銓曹9), 家不渝
靖節10), 而彈琴飲酒, 游戲塵寰, 抑何樂也! 先大人曰: 以若

---

1) 適適草(적적초): 심정전의 시집명이다. 심정전의 서문 외에도 조카 왕서국
(王瑞國)과 심영도(沈永導)가 서적을 정리, 교열한 뒤 쓴 서문이 있다. 오
언고시 13수, 칠언고시 3수, 사언시 1수, 오언율시 11수, 칠언율시 11수, 오
언절구 18수, 칠언절구 230수, 사 37수, 곡 4수, 부 3작품이 수록되어있다.

2) 松陵(송릉): 오강(吳江)의 별칭.

3) 先大人(선대인): 돌아가신 아버지에 대한 경칭. 명대 저명한 희곡작가 심경
(沈璟)을 가리킨다. 심경의 자는 백영(伯英), 호는 영암(寧庵)이다. 희곡작
품으로 『홍거기(紅蕖記)』, 『쌍어기(雙魚記)』, 『도부기(桃符記)』, 『일종정
(一種情)』 등과 저서로 『남구궁십삼조곡보(南九宮十三調曲譜)』, 『준제정
오편(遵制正吳編)』 등이 있다.

4) 臺垣(대원): 어사(御史)와 급사중(給事中)을 포괄하는 중앙정부 기관.

5) 饘粥(전죽): 미음.

6) 黨族(당족): 일가. 친족.

7) 金穴(금혈): 금을 쌓아둔 굴. 부잣집을 비유한다.

8) 火城(화성): 횃불을 든 행렬. 여기서는 밤에도 횃불을 훤히 밝혀두고 적을
방비하는 대단한 권문세가를 상징하는 말로 쓰였다.

9) 銓曹(전조): 원래 관원을 선발하는 일을 담당하는 부서였으나 명대에는 관
원을 선발하는 관리를 지칭하였다.

10) 靖節(정절): 동진(東晉) 시인 도연명(陶淵明)의 호이다.

所言, 是莊生所云適人之適, 而不自適其適[11]也. 余分舞
雪[12], 耳聞是語. 嗣後每思先大人自適之旨.

竊謂今之待漏[13]五更, 分符郡邑者, 非適也. 重關鐵騎, 曉
夜偵窺者, 非適也. 沿門持鉢[14], 引綖[15]求緣者, 非適也. 忘
却靈丹, 熊經鳥伸[16]者, 非適也. 至於太冲[17]作賦, 三年始
成, 長吉[18]嘔心, 鬼才僅見. 而立言一途, 已列功德以下, 況
卑而技巧, 如披文繡閣, 敲句綠牕, 又何足重哉? 余也夢筆[19]
未覩生花[20], 勻箋愧乎擊鉢[21]. 竊以詩之爲道, 不勞而獲者.

---

11) 適人之適, 而不自適其適(적인지적, 이부자적기적): 남들이 즐기는 것을
    즐길 뿐 스스로 즐기고 싶은 것을 즐기지 못한다. 『장자(莊子)・대종사(大
    宗師)』에 나오는 문장이다.

12) 分舞雪(분무설): 분설(分雪)은 진상을 밝히다, 해명하다의 뜻이다.

13) 待漏(대루): 신하가 물시계로 시간을 보고 입궐하다.

14) 沿門持鉢(연문지발): 집집마다 다니며 탁발(托鉢)하다.

15) 綖(서): 『설문해자(說文解字)』에는 통(通)과, 『옥편(玉篇)』에는 달(達)과
    같은 뜻이라고 되어있다.

16) 熊經鳥伸(웅경조신): 도교의 양생술 중 하나. 체조법인 도인(導引)의 일종
    으로 웅경은 곰이 나무에 매달려 있는 모습을 흉내낸 수련법을, 조신은 새
    가 나는 모습으로 팔다리를 운동하는 수련법을 가리킨다.

17) 太冲(태충): 서진(西晉) 시인 좌사(左思)의 자이다. 좌사는 10년 동안 구상
    하여 「삼도부(三都賦)」를 지었다.

18) 長吉(장길): 당대(唐代) 시인 이하(李賀)의 자이다. 15세부터 시작(詩作)에
    천재적 재능을 보여 귀재(鬼才)라고 불렸다.

19) 夢筆(몽필): 재주가 뛰어나고 문장이 아름다운 것을 비유한 말이다. 『남사
    (南史)・문학전(文學傳)・기소유(紀少瑜)』에 "일찍이 소유(少瑜)의 꿈에
    육수(陸倕)가 나타나 푸른 글자가 새겨진 붓 한 묶음을 주면서 '나는 이
    붓들이 여전히 쓸 만하다고 여기는데 그대가 그 중 좋은 것을 골라서 쓰시
    오'라고 하였다. 이로부터 소유의 문필이 세련되고 뛰어나게 되었다(少瑜
    嘗夢陸倕, 以一束靑鏤管筆授之, 云: '我以此筆猶可用, 卿自擇其善者.'
    其文因此遒進)"라는 문장이 있다.

20) 生花(생화): 몽필(夢筆)과 같은 뜻이다. 오대(五代) 왕인유(王仁裕)의 『개
    원천보유사(開元天寶遺事)・몽필두생화(夢筆頭生花)』에 "이태백(李太

雖曰淺率, 似有性存, 而雕琢愈工, 則形神俱困, 欲適反勞矣.

昔人云: 風行水上, 自成至文22). 又東坡言詩以無意爲佳23). 則吾輩旨漿是任, 筆墨之業, 固非望于閨閫. 又焉敢作綺語以落驢胎馬腹24)? 但撫孤影之空寂, 志先人之寤謌25),

---

白)이 어렸을 때 꿈에서 자기가 쓰던 붓 위에 꽃이 피는 꿈을 꾸었는데 그후로 재주가 더욱 뛰어나게 되어 천하에 이름을 날렸다(李太白少時, 夢所用之筆頭上生花, 後天才贍逸, 名聞天下)"라는 문장이 있다.

21) 擊鉢(격발): 짧은 시간 내에 시를 지을 수 있는 뛰어난 재주. 『남사(南史)·왕승유전(王僧孺傳)』에 따르면, 남조(南朝) 제(齊)나라 경릉왕(竟陵王) 소자량(蕭子良)이 여러 문인들과 함께 술을 마시면서 촛불 한 치가 타기 전까지 시 지었다는 말을 듣고 소문염(蕭文琰)이 구영해(丘令楷), 강홍(江洪)과 함께 동발(銅鉢)을 쳐서 울림이 사라지기 전까지 시를 지었다고 한다.

22) 風行水上, 自成至文(풍행수상, 자성지문): 송대(宋代) 소순(蘇洵)의 「중형자문보설(仲兄字文甫說)」에는 "이 때문에 '바람이 물 위로 부는 것은 환(渙)이다'라고 하였으니 이는 또한 천하의 지극한 문장이다(故曰: '風行水上, 渙.' 此亦天下之至文也)"라는 문장이 있다. 풍행수상(風行水上)은 『역경(易經)·환(渙)』에서 나온 말로 이후 문장이 자연스럽고 시원한 것을 비유한 표현이 되었다.

23) 詩以無意爲佳(시이무의위가): 시는 의식적으로 꾸미지 않을 때 아름답다. 소식(蘇軾)의 「평초서(評草書)」에 "초서는 아무 생각 없이 나와야 훌륭하고도 훌륭해진다. 그대의 초서는 비록 오랜 배움 끝에 완성한 것이지만, 요인즉 빨리 이루고자 하는 마음에서 나왔다(書初無意, 於佳乃佳. 爾草書, 雖是積學乃成, 然要是出于欲速)"라는 문장이 있다.

24) 驢胎馬腹(여태마복): 할 수 없는 것을 잘 알면서도 억지로 하는 것을 비유한 말이다. 송대(宋代) 석보제(釋普濟)의 『오등회원(五燈會元)』권19에 "제자가 묻기를 '일체 모든 사람은 불성(佛性)을 가지고 있는데 이미 불성을 가지고 있으면서 어째서 나귀의 태(胎)와 말의 뱃속에 들어가려고 합니까?'라고 하자 스승은 '알면서도 일부러 그것을 범하는 것이니라'라고 하였다(問: '一切含靈具有佛性, 既有佛性, 爲甚麽却撞入驢胎馬腹?' 師曰: '知而故犯.')"라는 문장이 있다.

25) 寤謌(오가): 자나 깨나 부르는 노래. 『시경(詩經)·위풍(衛風)·고반(考槃)』에 "언덕위에 초가집 지으니, 어진 은자의 크나큰 마음이네. 홀로 자나 깨나 하는 노래, 영원히 이 자리 못 떠나겠네(考槃在阿, 碩人之薖, 獨寐寤歌, 永矢弗過)"라는 구절이 있다.

緣景會心，　借情入事，　殊有蕭然自適之趣．　回念吾家詞隱先
生26)，淸風師世，所言莊生自適，或亦質之余而有合乎！爰題
玆艸簡，命殺靑27)以貽笑于後之君子．

松陵沈靜專曼君題．

출처 : 『역대부녀저작고(歷代婦女著作考)』

『적적초^{適適草}』 자서

　　우리 집안은 대대로 송릉(松陵)에 살았다. 선친께서는 대원(臺垣)
을 관장하는 일을 하셨기에 가난하여 먹을 죽도 없었으나 한 가족
모두 흡족해 하며 오로지 시가(詩歌)만을 읊조렸다. 우리 일가들
모두 오늘날 귀인이란 자들은 금을 창고에 쌓아두고도 낮에는 눈살
을 찌푸리며 걱정하고, 총애가 권문세가를 압도하는 데도 밤에 다니
기를 그치지 않는다고 여겼다. 선친은 지위라야 겨우 전조(銓曹)에
불과하였는데 온 집안이 도연명(陶淵明)의 절조를 지키면서 거문고
를 타고 술을 마시며 속세에서 유유자적하고 있으니 "그런 게 무엇
이 즐거울까!"하며 생각하였다. 선친께서 말씀하시기를 "네가 말한
것은 바로 장자(莊子)가 '남들이 즐기는 것을 즐길 뿐 스스로 즐기고
싶은 것을 즐기지 못한다'고 한 것이구나"라고 하셨다. 나는 사실의
진상을 밝혀내며 이 말씀을 듣곤 하였다. 그 후로 매번 선친의 스스
로 즐기고 싶은 것을 즐긴다는 그 뜻을 생각하였다.
　　나는 지금 신하가 오경(五更)의 꼭두새벽에 물시계를 보고 입궐

---

26) 詞隱先生(사은선생): 사은(詞隱)은 심정전의 아버지 심경(沈璟)의 별호이
　　다.
27) 殺靑(살청): 탈고하다. 출간하다.

하는 것이나 군읍(郡邑)을 다스릴 작위를 받는 것은 스스로 즐기는 것이 아니라고 생각한다. 정예부대로 겹겹이 둘러싸고 밤낮으로 주변을 살피는 것도 스스로 즐기는 것이 아니다. 집집마다 다니며 탁발하고 아는 사람을 끌어다 억지로 인연을 구하려 하는 것도 스스로 즐기는 것이 아니다. 효험 있는 약을 버리고 곰과 새의 동작을 흉내내며 양생술을 하는 것도 스스로 즐기는 것이 아니다. 좌사(左思)는 부(賦)를 짓는 데 3년이 되어서야 완성했고 이하(李賀)는 피를 토해낼 만큼 고심하고 나서야 귀재(鬼才)를 겨우 드러냈다. 그러나 말을 세우는 것[立言]은 끝내 공을 세우고[立功] 덕을 쌓는 것[立德]보다 한 수 아래에 놓이니 수놓은 규방에서 문장을 짓고 푸른 창가에서 시구를 퇴고하는 것 같은 비천한 기교야 또 어찌 족히 중히 여길 만하겠는가? 꿈에 본 나의 붓에는 꽃이 핀 일 없고, 가지런한 종이에 동발(銅鉢)의 울림이 끝나기 전까지 시를 쓸 수 없음을 부끄러워하였다. 외람되이 생각하건대, 시의 도(道)란 힘들이지 않고 얻는 것이다. 비록 얕고 거칠어도 성정(性情)이 남아 있는 것 같으니 더욱 교묘하게 조탁할수록 형(形)과 신(神)은 모두 막혀버리고 스스로 즐기려다 오히려 수고로이 될 뿐이다.

옛사람은 "물 위로 바람이 불어오니 절로 무늬가 이루어진다"라고 하였다. 또 소동파(蘇東坡)는 시가 의식적으로 꾸미지 않을 때 아름답다고 하였다. 우리 같은 여인네들에게는 맛있는 장을 담그는 것이 주된 임무이기에 문장을 쓰는 일은 진실로 규방에서 바라는 바가 아니다. 그러니 또 어찌 감히 아름다운 말을 써서 억지로 나귀의 태(胎)나 말의 뱃속으로 떨어지고자 하겠는가? 그러나 외로운 그림자가 남긴 공허함을 달래고 자나 깨나 노래하셨던 선친을 기억하며 경치를 보고 마음에 떠오른 구절이 있으면 감정을 빌어 시를 짓고 하였는데 쓸쓸한 가운데 스스로 즐기는 운치가 제법 있었다. 회고해보건대 선친께서는 청아한 풍모를 집안 대대로 이어받으셨으니 선친께서 말씀하셨던 장자의 스스로 즐기는 뜻이 혹 나에게도 어울리는 바가 있지 않을까? 이에 초고를 쓰고 출간을 하게 하여 후세 군자들에게 웃음거리를 남긴다.

송릉의 심정전이 씀.

[해 제]

심정전이 자신의 작품집 『적적초』에 쓴 서문이다. 심정전이 문학 창작에서 추구하였던 바는 자연스러운 시풍이었다. 이는 장자의 '유유자적함[適]'을 평생 지키며 살았던 부친의 영향에서 비롯되었다고 볼 수 있다. 따라서 기교, 조탁, 기어(綺語) 등에 대해 심정전은 부정적인 견해를 드러냈다. 화려한 부(賦)를 지었던 좌사(左思)도, 고심 끝에 정교한 시 한 구절을 지어냈던 이하(李賀)도 심정전의 눈에 차지 않는다. 대신 시란 "힘들게 얻어지는 것이 아니라서(不勞而獲)" 얕고 거친 시구라도 시인의 성정을 간직하고 있으면 훌륭하다고 여겼다. 심정전이 얼마나 조탁에 반대했는지를 가히 짐작할 수 있는 구절이다.

또한 "경치를 보다 마음에 떠오른 구절이 있어 정을 빌어 시구를 지었다(緣景會心, 借情入事)"는 표현에서 심정전이 결코 인위적으로 글을 지으려 하지 않고 자연스레 떠오르는 시상이 있을 때만 창작하였음을 알 수 있다. 이러한 창작 태도에서 나온 작품에 대해 심정전은 스스로 "쓸쓸한 가운데 유유자적하는 정취가 있다(有蕭然自適之趣)"고 평하였다. 좌사나 이하 같이 훌륭한 문인이 지어도 결국 공명(功名)에 밀리는 것이 시인데, 한갓 규방의 기어(綺語)들이나 나열하는 것이 얼마나 어리석은 것인지 자각하며 노장의 무위와 자연에 근거한 시론을 펼치고 있는 점이 매우 인상 깊다.

양소옥 ‖ 梁小玉

古今咏史錄序

余最愛閱史. 以爲羅萬象于胸中, 玩千古于掌上, 無如是書. 有可喜·可愕·可怖·可憐之事, 輒長歌以咏之. 借紙上之雌黃[1], 寫心窩之玄白, 寒奸諛之朽骨, 招忠正之貞魂. 間有衮鉞[2]失眞, 久糢糊于史筆, 薰蕕[3]倒實, 徒影響于觀場[4]. 一一摘其神情, 定其品格. 但欲以心問心, 不敢以耳語耳. 非止掀翻[5]公案, 蓋以鑒定前車[6]. 吟哦許久, 積成十卷, 命侍兒詮次

---

1) 雌黃(자황): 옛날 사람들은 글을 쓸 때 누런 종이를 사용했기 때문에 문장을 잘못 쓰면 자황을 이용하여 글자를 고쳤다. 여기에서는 아무렇게나 자신의 의견으로 논평을 가하는 것을 의미한다.

2) 衮鉞(곤월): 상과 벌을 주다. 고대 중국에서는 상을 줄 때는 곤의(衮衣)를 내리고, 벌을 줄 때는 도끼를 내렸다.

3) 薰蕕(훈유): 훈은 향기 좋은 풀이고 유는 냄새 고약한 풀로, 선과 악, 현명함과 어리석음, 좋고 나쁨을 비유한다. 이 말은 원래 『좌전(左傳)·희공사년(僖公四年)』의 "향기 좋은 풀 하나 냄새 고약한 풀 하나, 10년 후엔 오히려 악취만 남아 있다네(一薰一蕕, 十年尙猶有臭)"에서 나왔다. 두예(杜預)의 주에는 "훈은 향기 좋은 풀이고, 유는 냄새 고약한 풀이다. 10년 후에 오히려 악취만 남는다는 말은 선(善)은 사라지기 쉽고 악(惡)은 제거하기 어려움을 말한다(薰, 香草, 蕕, 臭草. 十年有臭, 言善易消, 惡難除)"라고 설명하고 있다.

4) 觀場(관장): 연극을 보다. 당시에는 역사를 근거로 연의소설(演義小說)을 짓고 이것을 연극으로 공연했는데, 이를 구경한다는 의미이다.

5) 掀翻(혼번): 뒤척거린다. 뒤집다.

6) 鑒定前車(감정전거): 앞서 가던 수레가 전복된 것을 보고 교훈을 얻는다는

之. 或亦博古之津梁, 詩思之鼓吹也.

출처: 『고금여사(古今女史)』

『고금영사록古今咏史錄』 서

나는 역사책 보는 것을 가장 좋아한다. 가슴 속에 삼라만상을 아우르고 손바닥 위에서 천고의 세월을 경험하는 데에는 역사책만 한 것이 없다고 생각하기 때문이다. 그래서 [역사책을 보다가] 기쁘고 놀랍고 두렵고 가여운 일이 있을 때마다 장가(長歌)를 지어 읊조렸다. 나는 종이 위에 아무렇게나 적어 본 내 나름대로의 논평을 통해 가슴 속에 품고 있던 시비 판단을 써보기도 하고, 이미 썩어버린 간신들의 뼈를 한심하게 여기기도 하며, 충신들의 올곧은 혼을 불러오기도 했다. 간간이 상벌이 진실에서 벗어나 오래도록 사필(史筆)에 진실이 모호하게 반영된 것도 있고, 선악이 전도되어 한갓 연극에나 영향을 미친 것도 있었다. 이에 나는 하나하나 그 내면을 들추어 그 품격을 정했다. 나는 단지 마음으로 마음을 따지려했지 감히 귀에서 귀로 옮기려 하지 않았다. 공안(公案)을 뒤집는 데 그치지 않았으니, 전철을 밟지 않고자 해서이다. 이것들을 오랫동안 시로 읊은 것이 쌓여 열권이 되니 시중드는 사람에게 시켜 그것을 편집하도록 했다. 아마도 또한 옛 일을 널리 이해하는 나루가 되고 시상을 불러일으키는 북과 피리가 될 것이다.

뜻으로, 앞서 행한 사람의 실패를 보고 후에 행하는 사람이 교훈을 얻음을 말한다. 이 말은 원래 『순자(荀子)·성상(成相)』에서 "앞에 가던 수레가 전복되었으니, 뒤에 있는 수레가 어찌 깨닫지 않을 수 있겠는가!(前車已覆, 後未知更何覺時!)"와 한(漢)나라 유향(劉向)의 『설원(說苑)·선설(善說)』에서 "앞에 가던 수레가 전복되니 뒤에 오던 수레가 조심한다(前車覆, 後車戒)"에서 나왔다.

　　양소옥(梁小玉)이 자신의 작품집 『고금영사록(古今咏史錄)』에 쓴 서문
이다. 남성들의 영사시(詠史詩) 전통은 매우 오래된 것으로 완적(阮籍)이나
도연명(陶淵明), 왕안석(王安石) 등은 모두 많은 영사시를 남겼다. 이들은
영사시를 빌어 역사적 사실에 대한 평가를 다시 시도해 보기도 하고 역사
인물을 통해 자신의 신세를 드러내기도 했다. 특히 당대(唐代) 이후 과거가
관직으로 나가는 주요 통로가 된 이후에 사론(史論)은 책문(策問)에 등장하
는 필수과목이 되었다. 이에 과거 준비를 위해서라도 역사서를 읽고, 역사
적 사실을 논평하는 일은 일종의 필수 코스로 자리 잡게 되었다.

　　그런데 이러한 목적 없이 규방의 여성들이 역사서를 탐독하고, 역사에
대해 자신의 감회를 읊는 일은 매우 독특한 사례이다. 역사를 통해 교훈도
얻고 창작의 영감도 받는 것은 일반적으로 여성문학에서는 찾아보기 어려
운 창작 경향인데 현재 이 작품집이 전해지지 않는 것은 매우 아쉬운 일이
다. 이 글은 주로 규방 안의 풍경에만 관심을 가졌던 여성문학의 경계를
확장시켜 당시 여성의 세상에 대한 관심과 학문적 수준이 얼마나 높았는지
를 보여주는 일례라 하겠다.

오백 ‖ 吳柏

寄呂家姊

　白髮三千丈[1]，　此詩人鋪張語耳，　泥之，　則是向痴人說夢[2]
也.　卽如"不貪夜識金銀氣"[3]，　此極奇語，　然須以不解解之.
如必求其何以夜識，　雖起老杜於九京，　彼亦不能以解解也.　此
妹在家時，　習聞父兄之論.　若此引伸觸類[4]，　莫可勝窮.　善夫!
孟子之言曰: "以意逆志"[5]，　眞千古讀詩之法.

---

1) 白髮三千丈(백발삼천장): 흰 머리가 삼천 장(丈). 이백(李白)의 「추포가
   (秋浦歌)」에 나오는 구절로 근심이 쌓여가는 모양을 비유한 말이다.

2) 痴人說夢(치인설몽): 바보에게 꿈을 이야기하면 바보는 진짜로 생각한다.
   마음대로 생각하고 멋대로 말하는 것을 의미한다. 이 말은 원래 송대(宋代)
   스님 혜홍(惠洪)의 『냉재야화(冷齋夜話)』권9 중 "이것이 바로 이른바 바
   보에게 꿈 이야기를 하는 것이다(此正所謂對痴人說夢也)"에서 나왔다.

3) 不貪夜識金銀氣(불탐야식금은기): 욕심이 없으니 밤에도 금은(金銀)의 기
   운을 알아본다. 두보(杜甫)의 「제장씨은거(題張氏隱居)」중 "욕심이 없으
   니 밤에도 금은의 기운을 알아보고, 해칠 마음 없으니 아침에도 사슴이 노
   니는 모습 보네(不貪夜識金銀氣, 遠害朝看麋鹿遊)"에서 나왔다.

4) 引伸觸類(인신촉류): 한 사물의 원칙에 의거하여 비슷한 사물에까지 그 뜻
   을 넓혀 적용하다. 이 말은 원래 『주역(周易)·계사상(系辭上)』의 "끌어들
   여 펼쳐서 같은 사물에 적용하여 넓힌다(引而伸之, 觸類而長之)"에서 나
   왔다.

5) 以意逆志(이의역지): 자신의 생각으로 남의 뜻을 미루어 살핀다. 이 말은
   『맹자(孟子)·만장상(萬章上)』의 "그러므로 『시경(詩經)』을 해설하는 사
   람은 한 글자로써 한 구절의 뜻을 해치지 말고, 한 구절로써 [그 구절을 말
   한 작가의] 본래의 뜻을 해치지 말고, 보는 자의 뜻으로 작자의 뜻에 맞추
   어야만 시를 알 수 있는 것이다(故說『詩』者, 不以文害辭, 不以辭害志.

출처: 『명원척독(名媛尺牘)』

여씨呂氏 언니에게 부치며

'흰 머리가 삼천 장(丈)'이란 표현은 시인의 과장된 언어일 뿐으로, 그 글자에 집착하면 그것은 바보에게 꿈을 이야기하는 것과 같습니다. "욕심이 없으니 밤에도 금은(金銀)의 기운을 알아본다"는 표현은 매우 기이한 말이지만 주석 없이 해석해야 합니다. 만약 반드시 어떻게 밤에 알아볼 수 있는가를 따지려 한다면 비록 두보(杜甫)를 지하에서 일으켜도 주석을 달아가며 해석하지 못할 것입니다. 이것은 제가 집에 있을 때 아버님과 오라버님으로부터 익히 들던 말입니다. 이런 식으로 다른 사물에까지 미루어 적용한다면 그 예는 끝도 없을 것입니다. 훌륭합니다! 맹자(孟子)가 "자신의 생각으로 남의 뜻을 미루어 살핀다(以意逆志)"라고 한 말은 진실로 천고에 길이 남을 시 읽는 방법입니다.

【 해 제 】

오백이 여씨 언니에게 문학에 대한 자신의 견해를 밝히며 쓴 서간문이다. 오백은 여기에서 시를 읽는 방법을 논하고 있다. "주석을 달아가며 해석하지 않고 시를 이해하는(以不解解之)" 방법은 고증학과 각종 전주(箋注)가 성행하면서 시마저도 "주석을 달아가며 해석하여 시를 이해하려는(以解解之)" 당시 풍토에 대한 비판에서 나온 것으로 보인다. 즉 시인이 어떤 뜻으로 그 단어를 사용했건 상관없이 각자 자신의 견해로 시를 읽는

以意逆志, 是爲得之)"에서 나왔다.

것이 진정한 감상태도라는 것이다. 왜냐하면 이백에게 '흰 머리가 삼천 장(白髮三千丈)'이라고 한 뜻을, 두보에게 "욕심이 없으니 밤에도 금은의 기운을 알아본다(不貪夜識金銀氣)"라고 한 뜻을 물어도 창작 당시의 심경을 완벽하게 재현할 수 없는 한, 시인 자신도 모호할 수 있기 때문이다. 그래서 오백은 "자신의 생각으로 남의 뜻을 미루어 살핀다(以意逆志)"는 맹자(孟子)의 관점으로 문학 작품을 감상하는 방법을 제시하였다.

오초 ‖ 吳綃

嘯雪菴稿自序

　余自稚歲, 僻于吟事, 學蔡女[1]之琴書, 借甄家[2]之筆硯, 緗素[3]維心, 丹黃[4]在手, 二十餘年. 冬之夜, 夏之日, 驩虞[5]愁病, 無不於此發之. 竊以韓英[6]之才, 不如左嬪[7], 徐淑[8]之句,

---

1) 蔡女(채녀): 채염(蔡琰). 동한(東漢)의 여성시인으로 문학가 채옹(蔡邕)의 딸이다. 음률에 능통하고 박학하였다고 한다. 작품으로는 「비분시(悲憤詩)」와 「호가십팔박(胡笳十八拍)」 등이 있다.

2) 甄家(견가): 견일(甄逸)의 딸로 위(魏)나라 문제(文帝, 조비(曹丕))의 황후이다. 글을 좋아하여 아홉 살부터 오빠들의 벼루와 붓을 빌려다가 글씨를 썼다고 한다. 그녀는 조비가 황제가 된 후에 곽황후(郭皇后)를 총애하자, 「당상행(塘上行)」을 지어 원망의 마음을 표현했다가 죽임을 당했다.

3) 緗素(상소): 연노랑색 비단. 옛날에는 글을 쓰는 데 사용했다.

4) 丹黃(단황): 붉은 색과 노란색 먹. 서적을 교감할 때 사용했다.

5) 驩虞(환우): '환오(驩娛)'라고도 하며 즐거움이란 뜻이다. 환(驩)은 환(歡)과 통용된다.

6) 韓英(한영): 한난영(韓蘭英)이다. 남조 송(宋)나라의 여성시인으로 효무제(孝武帝) 때 「중흥가(中興歌)」를 바치고 입궁하였으며 제(齊)나라 때에는 궁중 여박사(女博士)가 되었다.

7) 左嬪(좌빈): 좌분(左芬)이다. 좌분은 서진(西晉)의 여성문학가로 좌사(左思)의 여동생이다. 어려서부터 학문을 좋아하고 문장을 잘 지었다. 현재 전해지는 작품으로는 시(詩), 부(賦), 송(頌), 찬(贊) 등 20여 편이 있다.

8) 徐淑(서숙): 동한(東漢)의 여성시인으로, 진가(秦嘉)의 아내이다. 서숙은 남편 진가가 낙양(洛陽)으로 부임하자 시를 지어 송별하였다고 한다. 부부의 정이 돈독하여 진가가 죽은 후 오래지 않아 서숙도 죽었다. 전해지는 작품으로는 「답진가시(答秦嘉詩)」와 답서(答書) 2편이 전한다.

亞於班姬9). 假使菲薄, 生於上葉, 傳禮經10), 續漢史11), 則
余病未能, 一吟一咏, 亦有微長, 未必謝於昔人也.

　逈年覽『墉城仙錄』12),　見諸仙女羽中擧之事,　又讀陶隱
居13)『眞誥』14), 誦九華安妃15)之言, 文采豔逸, 鄙心慕之. 雖
遊神洲16)之五岳, 泛溟海17)之三山18), 非女子之事, 然睹烟

---

9) 班姬(반희): 반소(班昭)이다. 반고(班固)의 여동생으로 조세숙(曹世叔)에
게 시집갔으나 일찍 남편을 잃고 과부가 되었다. 전해지는 작품으로는『여
계(女誡)』와「동정부(東征賦)」등이 있다.

10) 傳禮經(전예경): 여기에서 예경(禮經)은『여계(女誡)』이다. 전예경이란 반
소가『여계(女誡)』를 지어 후대에 전한 일을 일컫는다.

11) 續漢史(속한사): 여기에서 한사(漢史)는『한서(漢書)』이다. 속한서는 반고
가『한서』를 저술하다가 끝마치지 못하고 죽자 반소가「팔표(八表)」와「천
문지(天文志)」를 마저 완성한 일을 말한다.

12) 墉城仙錄(용성선록):『용성집선록(墉城集仙錄)』이다. 당대(唐代) 두광정
(杜光庭)이 쓴 도교 신선 전기집으로, 원래는 10권에 109명의 여성신선의
전기가 실려 있었다고 하나 현재는 산일되어 전한다.

13) 陶隱居(도은거): 도홍경(陶弘景). 남조(南朝) 양(梁)나라의 도사로, 자는
통명(通明), 호는 화양은거(華陽隱居)이다. 도교뿐만 아니라 불교와 천문
학에도 조예가 깊었다. 전해지는 작품으로는『진고(眞誥)』,『등진은결(登
眞隱訣)』등이 있다.

14) 眞誥(진고): 도홍경이 저술한 책으로, 도교 경전의 하나이다.

15) 九華安妃(구화안비): 도교의 여성신선이다. 도교 상청파(上淸派)의 1대 태
사(太師)인 위화존(魏華存)의 아들 양희(楊羲)에게 도교의 비결을 전수해
주었다고 한다.

16) 神洲(신주): 신주(神州)라고도 하며, 중국 고대의 신화전설 속에서 신선들
이 활동했던 장소이다.

17) 溟海(명해): 중국 고대의 신화전설 속에 나오는 바다 이름이다.『열자(列
子)·탕문(湯問)』에 "종북산(終北山)의 북쪽에 명해가 있는데, 하늘의 못
이다(終北之北有溟海者, 天池也)"라는 문장이 있다.

18) 三山(삼산): 신선들이 사는 바다 위 세 개의 산을 말한다. 진대(晉代) 왕가
(王嘉)의『습유기(拾遺記)·고신(高辛)』에 "삼호(三壺)는 바다 위의 세
산이다. 하나는 방호산(方壺山) 즉 방장산(方丈山)이고, 둘은 봉호산(蓬壺
山) 즉 봉래산(蓬萊山)이며, 셋은 영호산(瀛壺山) 즉 영주산(瀛洲山)이다

霄19)昉日月, 不覺遠也. 草衣蔬食, 聊寄吾志云爾.

晦日偶理故篋, 見平生所作滿焉. 茂苑繁華, 紅閨風月, 一日一夕, 一言一笑, 顯顯然在胸中無遺忘者. 遂寫之成二卷. 人非桃李, 未得無言20), 事異萱蘇21), 豈能鑷疾! 投筆慨然.

출처: 『역대부녀저작고(歷代婦女著作考)』

『소설암고^{嘯雪菴稿}』 자서

나는 어려서부터 시 짓는 일을 유독 좋아하여 채염(蔡琰)의 거문고와 글씨를 배우고 견황후(甄皇后)의 붓과 벼루를 빌려다가, 마음으로는 오로지 글만 생각하고 손에는 단황(丹黃)을 쥔 지 20여 년이 되었다. 겨울밤이건 여름 낮이건, 즐거워 기쁘건 근심 겨워 아프건, 그 모든 것을 글로 표현해냈다. 내 나름대로는 한난영(韓蘭英)의 재주가 좌분(左芬)보다 못하고 서숙(徐淑)의 문장이 반소(班昭) 다음이라고 여겼다. 내가 만약 전대에 태어났다면, 『여계(女誡)』를 짓고 『한서』의 뒤를 잇지는 못했을 것이나, 읊조리고 노래하는 것에

(三壺, 則海中三山也. 一曰方壺, 則方丈也, 二曰蓬壺, 則蓬萊也, 三曰瀛壺, 則瀛洲也)"는 문장이 있다.

19) 烟霄(연소): 운소(雲宵)라고도 하며 하늘 끝, 높은 하늘의 뜻이다.

20) 人非桃李, 未得無言(인비도리, 미득무언): 사람은 복숭아나 오얏이 아니라서 말을 통해 사람들을 모이게 해야 한다. 이 구절에서 말하는 도리무언(桃李無言)은 '복숭아나 오얏은 말을 하지 않아도 아래에 저절로 길이 생긴다(桃李無言, 下自成蹊)'는 속담에서 나왔다. 즉 복숭아나 오얏은 말을 하지 않아도 그 꽃과 열매 때문에 사람들이 모인다는 말이다.

21) 萱蘇(훤소): 망우초(忘憂草). 원래는 원추리와 차조기이나, 시름을 잊고 고생을 멈춘다는 뜻이다. 이 말은 삼국시대(三國時代) 위(魏)나라 왕낭(王朗)의 「여위태자서(與魏太子書)」중 "비록 원추리로 시름을 잊고 차조기로 고생을 그만두어도 더할 것이 없습니다(雖復萱草忘憂, 皋蘇釋勞, 無以加也)"에서 나왔다.

는 약간의 재주가 있으니 반드시 옛사람보다 못하다고는 할 수 없다.

나는 요 몇 년 사이 『용성집선록(墉城集仙錄)』을 읽으면서 여러 여성신선들이 득도하여 떠나는 일을 보았고, 또 도홍경(陶弘景)의 『진고(眞誥)』를 읽으며 구화안비(九華安妃)의 말을 외웠는데, 문채가 아름답고 빼어나 마음으로 흠모하였다. 비록 신주(神洲)의 오악(五岳)에서 노닐고 명해(溟海)의 삼산(三山)을 떠다니는 것이 여성의 일은 아니지만 높은 하늘을 보며 해와 달을 바라보는 일은 멀지 않게 느껴졌다. 그래서 초의(草衣) 입고 푸성귀 먹으며 그저 나의 뜻을 부칠 뿐이었다.

그믐날 나는 우연히 옛 상자를 정리하다 평소에 쓴 문장이 가득한 것을 보았다. 우거진 동산의 갖가지 꽃, 규방의 바람과 달, 하루 낮 하루 밤, 한 마디 말 한 번 웃음 등이 하나도 빠짐없이 가슴속에 되살아났다. 이에 나는 이것을 베껴 적어 두 권으로 엮었다. 사람은 도리(桃李)가 아니라서 말이 없을 수 없다지만, 시 짓는 일은 망우초(忘憂草)가 아니니 어찌 내 병을 덜어주겠는가! 붓을 내려놓으며 탄식한다.

································· 【　해　　제　】

오초(吳綃)가 자신의 문집인 『소설암집(嘯雪菴集)』에 쓴 서문이다. "겨울밤이건 여름 낮이건, 즐거워 기쁘건 근심 겨워 아프건, 그 모든 것을 글로 표현해냈다(冬之夜, 夏之日, 驩虞愁病, 無不於此發之)"는 문장은 당시 여성들에게 있어 글쓰기가 가지는 의미가 무엇인지를 생각해보게 한다. 당시 여성들에게 글쓰기는 자기 자신을 표현할 수 있는 유일한 수단이었다. 그러나 서문의 마지막 말처럼, 오초는 시 짓는 일로도 시름을 덜지 못했기에 두광정(杜光庭)의 『용성집선록(墉城集仙錄)』, 도홍경(陶弘景)의

『진고(眞誥)』 등의 서적을 접하고 초의(草衣)를 입고 푸성귀 먹으며 거기에 자신의 뜻을 기탁하였다. 이를 통해 『소설암고』의 도교적 풍격을 짐작해볼 수 있는데, 선계를 유유자적하게 노닐면서 마음 속 근심을 덜어내고 싶은 오초의 마음이 글 전체에 드러나 있다.

오초의 서체   오초의 그림

왕단숙 ‖ 王端淑

名媛詩緯[1]初編自序

客問於予曰: 詩三百, 經也. 子何取於緯也. 易·書·禮· 樂·春秋, 皆有緯也, 子何獨取於詩緯也? 則應之曰: 日月江 河, 經天緯地, 則天地之詩也. 靜者爲經, 動者爲緯, 南北爲 經, 東西爲緯, 則屋野之詩也. 不緯則不經. 昔人擬經而經亡, 則寧退處於緯之, 足以存經也?

詩開源於窈窕[2], 而采風於游女[3]. 其間貞淫異態, 聖善興 思, 則詩媛之關於世敎人心, 如此其重也. 予不及上追千古, 而尤恨千古以上之詩媛, 詩不多見, 見不多人. 因取其近而有 徵者, 無如名媛. 搜羅畢備, 品藻期工. 人予一評, 詩予一 隲[4], 輯成四十餘卷.

---

1) 名媛詩緯(명원시위): 왕단숙의 대표작 중 하나로 각 조대별로 여성문인의 작품을 선집하고 이에 대해 평한 작품집이다. 작품들을 단순히 선집한 것에 그치지 않고 각 작품들에 대해 평가하면서 '성정(性情)', '격조(格調)', '기 운(氣韻)', '의취(意趣)', '평담(平淡)', '자연(自然)' 등 시학에 대한 견해 를 피력하였다.

2) 窈窕(요조): 『시경(詩經)·주남(周南)·관저(關雎)』를 가리킨다. "아리땁 고 고운 아가씨 군자의 좋은 배필이라(窈窕淑女, 君子好逑)"라는 구절이 있다.

3) 游女(유녀): 『시경(詩經)·주남(周南)·한광(漢廣)』을 가리킨다. "한수(漢 水)에는 노니는 아가씨들 있지만 찾아 구할 수는 없다네(漢有游女, 不可 求思)"라는 구절이 있다.

4) 隲(척): 즐(騭)의 오자(誤字). 정하다. 안배하다.

以后王君公, 出自宮闈者爲宮集, 在元明之交者爲前集, 夫
人5)·世婦6)以及庶民·良士之妻者爲正集.　其或繇風塵7)反
正8)者, 附於正集之末. 國變以前及皇朝之後者爲新集, 其或
如綏狐9)桑濮10)者爲閨集, 其或以靑樓終不自振者爲豔集. 其
或巾幗11)亦有淄黃12), 外裔13)能諧風雅14), 則爲淄集·黃集
·外集. 其或仙鬼志怪, 小說齊諧15), 逆謀韜玉16), 爲幻集·

---

5) 夫人(부인): 제후의 아내. 후궁. 명청(明淸) 시대에는 1, 2품(品) 관리의 아
　내를 지칭하기도 하였다.

6) 世婦(세부): 후궁.

7) 風塵(풍진): 속된 세상. 기녀를 하며 떠돌아다니는 생활.

8) 反正(반정): 정상으로 돌아오다. 여기서는 기녀를 하다가 기적(妓籍)을 버
　리고 남자에게 시집가는 것을 의미한다.

9) 綏狐(수호): 어슬렁거리는 여우. 『시경(詩經)·위풍(衛風)·유호(有狐)』
　에 "어슬렁거리는 여우, 돌다리를 배회하고 있네(有狐綏綏, 在彼淇梁)"라
　는 구절이 있다. 이 구절에서 '수수(綏綏)'라는 표현은 홀로 짝을 찾아 헤매
　는 모습을 형용한다.

10) 桑濮(상복): 춘추전국 시기 위(衛)나라 지역인 상간(桑間)과 복수(濮水)을
　가리킨다. 이곳은 음란한 풍속이 성행하였기 때문에 음란한 노래, 남녀가
　만나는 곳 등을 비유하기도 한다.

11) 巾幗(건괵): 부녀자들이 쓰는 두건과 머리장식. 여성을 두루 칭하는 말이
　다.

12) 淄黃(치황): 승려와 도사. 치황(緇黃)이라고 하기도 한다. 승려는 검은 옷을
　입고 도사는 노란 관을 쓰기에 붙여진 명칭이다.

13) 外裔(외예): 먼 변방.

14) 風雅(풍아): 『시경』의 「국풍」과 「소아」, 「대아」를 가리키나 시문(詩文)을
　짓는 일을 뜻하기도 한다.

15) 齊諧(제해): 신선이나 귀신 이야기를 두루 지칭하는 말이다. 『장자(莊子)·
　소요유(逍遙遊)』에는 "제해(齊諧)는 지괴(志怪)이다(齊諧者, 志怪也)"라
　는 문장이 있다. 지괴(志怪)는 도교나 불교 등과 관련된 신비한 사건들을
　기록한 이야기를 가리킨다.

16) 韜玉(운옥): 옥을 감추다. 뛰어난 재주를 감추고 드러내지 않는 것을 비유
　한 말이다.

備集·逆集. 塡詞固詩之餘, 雜著有詩之意, 則爲餘集·雅集·雜集. 其或能詩而湮沒, 擅[17]畵事而不能詩者, 皆爲存其姓氏, 則爲遺集·繪集.

辟[18]之女紅[19], 絡緯[20]參互錯綜, 而後能佐經以成文. 百室機房[21], 抒軸報章[22], 故其爲詩也, 或取材於氷繭[23], 或乞巧[24]於天孫[25]. 或濯色於錦江[26], 或去垢於火浣[27]. 或質任於布帛, 或委佗[28]於素絲. 或豔元黃[29]之筐, 或競摽綑[30]之

---

17) 擅(천): 능숙하다. 뛰어나다.

18) 辟(벽): 벽(襞)과 같은 뜻이다. 길쌈하다.

19) 女紅(여홍): 여공(女工).

20) 絡緯(낙위): 베짱이.

21) 機房(기방): 베틀 방.

22) 報章(보장): 베틀에서 북이 왔다 갔다 하면서 무늬를 이루는 것. 『시경(詩經)·소아(小雅)·대동(大東)』에 "일곱 번이나 베틀에 오르면서도 천은 이루지 못하네(雖則七襄, 不成報章)"라는 구절이 있다.

23) 氷繭(빙견): 누에고치.

24) 乞巧(걸교): 칠석 날 부녀자들이 견우성과 직녀성에게 길쌈과 바느질 솜씨가 늘기를 비는 제사.

25) 天孫(천손): 직녀(織女) 혹은 직녀성(織女星)을 가리킨다. 당대(唐代) 유종원(柳宗元)의 「걸교문(乞巧文)」에는 "지상의 신하는 몰래 직녀에게서 듣고서 하늘에 훌륭한 솜씨를 드러내네(下土之臣, 竊聞天孫, 專巧於天)"라는 문장이 있다.

26) 錦江(금강): 사천성 성도(成都)에 있는 민강(岷江)의 지류. 이 강에서 비단을 빨면 색깔이 더욱 선명해진다는 전설이 있다.

27) 火浣(화완): 화완포(火浣布)가 나는 전설상의 지역. 화완포는 불에 넣으면 깨끗하게 빨아진다고 한다. 『열자(列子)·탕문(湯問)』에는 "화완포는 빨려면 반드시 불에 넣어야 한다(火浣之布, 浣之必投於火)"라는 문장이 있다.

28) 委佗(위타): 여유롭게 거니는 모습. 『시경(詩經)·용풍(鄘風)·군자해로(君子偕老)』에 "여유롭게 거니는 모습 산 같고 강 같네(委委佗佗, 如山如河)"라는 구절이 있다.

29) 元黃(원황): 현황(玄黃), 검은 색과 노란 색. 여기서는 검은 비단과 노란 비단을 가리킨다. 『상서(尙書)·무성(武成)』에 "그곳의 남녀들은 바구니에

美. 可羽翼三百以成經, 可組織六經而爲緯. 請以質之四天[31]
之下.

時順治辛丑[32]溽暑
山陰吟紅主人映然子王端淑玉映氏漫書於鴛鴦新墅.

출처: 『명원시위초편(名媛詩緯初編)』

『명원시위초편名媛詩緯初編』 자서

　객(客)이 나에게 이렇게 물었다. "『시경』 삼백 편은 경(經)입니다. 그런데 그대는 어찌하여 위(緯)에서 찾으려 하십니까? 『역경』, 『서경』, 『예기』, 『악기』, 『춘추』에도 모두 위서가 있는데 그대는 어찌하여 유독 『시위(詩緯)』에서만 구하려 하십니까?" 나는 곧 거기에 응답하여 말하였다. "해와 달, 장강과 황하가 하늘을 날실로 삼고 땅을 씨실로 삼으니 이는 곧 하늘과 땅의 시입니다. 고요한 것이 날실이 되고 움직이는 것이 씨실이 되며 남북이 날실이 되고 동서가 씨실이 되니 이는 곧 집과 들판의 시입니다. 씨실이 없으면 날실도 없습니다. 옛 사람들이 경전을 모방하다가 경전이 없어졌으니 차라리 물러나 위서로 자처하는 게 그나마 경전을 보존할 수 있지 않겠습니까?"

　『시경』은 요조숙녀에서 근원하였고 노니는 여인들에게서 풍속을

검고 노란 비단을 담아 와서 우리 주(周)나라 왕실을 빛나게 하였다(惟其 土女, 籩厥玄黃, 昭我周王)"는 문장이 있다.

30) 縹緗(표상): 담청색과 담황색.
31) 四天(사천): 사방의 하늘.
32) 順治辛丑(순치신축): 1661년.

채집하였다. 그 가운데 정숙함과 음란함의 차이가 있어 선(善)을 장려하고 시사(詩思)를 일으켰으니 여성시인들이 세교(世敎)와 인심에 관계하는 바가 이토록 중한 것이다. 나는 천고(千古)의 세월까지 거슬러 올라갈 수 없는 데다, 먼 옛날 여성문인의 시가 많이 보이지 않고 내가 본 사람이 많지 않음을 몹시 안타까워했다. 그래서 가까운 시대의 사람 중에서 사적을 고증할 수 있는 자들을 수집해보니 명원(名媛)만한 것이 없었다. 이에 널리 수집하여 두루 갖추고 품평에 정교함을 기했다. 사람마다 논평을 하고 시마다 우열을 가려 40여 권으로 엮었다.

왕군(王君)이나 왕공(王公)의 아내로 궁궐 출신인 자들은 궁집(宮集)에 두었고, 원명(元明) 교체기에 살았던 자는 전집(前集)에, 고관의 부인과 후궁, 서민이나 선비의 아내는 정집(正集)에 두었다. 기녀였다가 보통 여성의 삶으로 돌아간 자는 정집의 끝에 덧붙여 두었다. 명대가 망하기 이전과 청대가 들어선 이후의 사람은 신집(新集)에, 「수호(綏狐)」나 상간(桑間)과 복수(濮水)의 음악처럼 사랑을 노래한 시는 윤집(閏集)에, 청루(靑樓)의 생활을 하면서 끝내 떨치고 일어나지 못한 자는 염집(豔集)에 두었다. 승려와 도사, 먼 변방의 여성들 중 시문이 뛰어난 자들은 치집(淄集), 황집(黃集), 외집(外集)에 두었다. 지괴(志怪) 같은 신선이나 귀신 이야기, 제해(齊諧) 같은 패관 소설, 뜻을 숨기고 역모에 가담한 자들은 환집(幻集), 비집(備集), 역집(逆集)에 두었다. 사(詞)는 시여(詩餘)이고 잡저(雜著)에는 시의 뜻이 있으니 여집(餘集), 아집(雅集), 잡집(雜集)에 두었다. 시에 뛰어났으나 작품이 없어진 자, 회화에 뛰어났으나 시에 능하지 못한 자들은 그 성씨를 기록하여 유집(遺集)과 회집(繪集)에 두었다.

길쌈할 때는 씨실이 서로 잘 섞이도록 엮어야 날실을 도와 무늬를 이룰 수 있다. 백 개의 베틀 방에서 북이 부지런히 왔다 갔다 해야 무늬가 이루어지니, 시가 이루어지려면 누에고치에서 제재를 구하기도 하고 직녀성에 바느질 잘 할 수 있도록 빌기도 한다. 금강(錦江)에서 비단을 빨기도 하고 화완(火浣)에서 베를 불에 넣어 때를 씻어내기도 한다. 베와 비단에 재주를 맡기기도 하고 흰 실 사이에서 여유롭게 거닐기도 한다. 바구니에 검고 노란 비단을 담아 꾸미기도 하고 담청색과 담황색의 아름다움을 다투기도 한다. 『시경』을 도와 경(經)이 되고 육경을 엮어 위(緯)가 되니 천하의 사람들에게 질정을 청한다.

순치(順治) 신축년(1661) 무더운 여름에

산음(山陰)의 음홍주인(吟紅主人) 영연자(映然子)

왕단숙(王端淑) 옥영씨(玉映氏)가 원앙신서(鴛鴦新墅)에서

내키는 대로 씀.

【 해 제 】

왕단숙이 『명원시위초편』을 판각하고 쓴 서문이다. 『명원시위초편』의 편찬 동기와 구성 등을 밝힌 글로 명대 여성문학 평론을 이해하는 데 중요한 자료이다. 명대에 판각된 여성문인의 선집이 대부분 명대 작품에 국한되어 있었던 것에 비해 왕단숙의 『명원시위초편』은 역대 여성문인들의 시문을 총망라하고 있어 그 문학적 가치가 매우 높다. 왕단숙은 여성문학의 가치를 풍교(風教)에서 찾고 있지만 염려(艶麗)한 시풍을 내치지 않았고, 남녀의 사랑을 노래한 시, 신선이나 귀신 이야기, 패관소설, 회화 등에 이르기까지 다양한 장르와 내용을 수용하였다. 이를 통해 왕단숙의 심미 취향이 매우 광범위하고 관대하였음을 알 수 있다. 또한 『명원시위초편』은 단순히 시대별 분류가 아니라 신분별 분류에 의해 작가와 작품을 수집, 분류하였고, 각 인물과 작품에 대해 품평까지 내리고 있어 여성학 연구에도 기여하는 바가 크다.

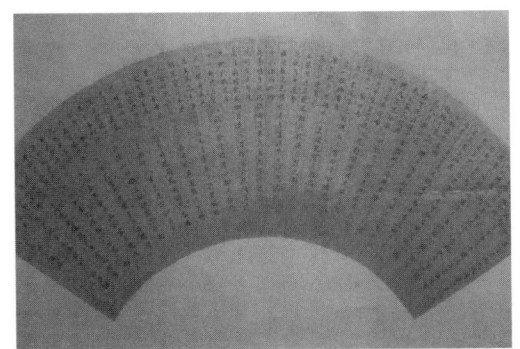

왕단숙의 자선(字扇)

왕단숙의 「산수도」

왕미 ‖ 王微

宛在篇自序

予近憩必在山水之間. 詩名『宛在』1), 率取此意, 非敢以伊人自目也. 嗟乎! 我所感存亡生死之變多矣! 造化七尺相拘, 而不能損筆焚硏, 懺除綺語2)之業, 猶沾沾3)向蟬鳴4)蚓竅5)中作生活耶! 秋水浩淼, 風露已盈, 苟復有情, 誰能遣此? 予多言, 予誠不自知其多言.

출처: 『역대부녀저작고(歷代婦女著作考)』

---

1) 宛在(완재): 완연히 있다. 마치 ~같다. 이 말은 『시경(詩經)·진풍(秦風)·겸가(蒹葭)』의 "갈대는 푸르른데, 흰 이슬은 서리가 되어 가네. 바로 그이는 강물 저쪽에 있는데. 물결 거슬러 올라가 그를 따르려니, 길이 험하고도 멀고, 물결따라 건너가 그를 따르려니, 여전히 강물 가운데 있네(蒹葭蒼蒼, 白露爲霜. 所謂伊人, 在水一方. 溯洄從之, 道阻且長. 溯游從之, 宛在水中央)"에서 나왔다.

2) 綺語(기어): 불교 용어. 애욕(愛慾) 등의 화려한 말, 잡스러운 말을 가리킨다. 사구업(四口業) 중 하나로, 사구업은 원리양설(遠離兩舌), 악구(惡口), 망언(妄言), 기어(綺語)이다.

3) 沾沾(첨첨): 집착하다.

4) 蟬鳴(선명): 매미 울음소리. 이 말은 『시경(詩經)·소아(小雅)·소변(小弁)』의 "무성한 저 버드나무에 매미 울음소리 찌르르찌르르(菀彼柳斯, 鳴蜩嘒嘒)"에서 나왔다. 여기에서는 보잘 것 없는 소리라는 뜻으로 쓰였다.

5) 蚓竅(인규): 옛날에는 지렁이도 소리를 내는데 그 소리가 구멍에서 나온다고 잘못 알고 있었다. 소리가 작아서 도(道)에 미치지 못한다는 말로, 자신의 보잘 것 없는 문학적 재능을 지칭한다. 이 말은 원래 당대(唐代) 한유(韓愈)의 「석정연구(石鼎聯句)」중 "당시에는 지렁이 구멍에서 파리 소리가 작게 난다고 여겼다(時於蚯蚓竅, 微作蒼蠅鳴)"에서 나왔다.

『완재편^{宛在篇}』 자서

나는 요즘 꼭 산수(山水) 사이에서 휴식을 취한다. 시집의 이름을
『완재(宛在)』라고 한 것은 대략 이 뜻에서 온 것이지 감히『시경』의
이인(伊人)으로 자처하고자 함이 아니다. 아! 내가 느끼는 삶과 죽음
의 변화가 많기도 하구나! 자연의 조화가 7척 몸에 얽매어 있어
붓을 던지고 벼루를 태우지도 못하고, 기어(綺語)의 업을 참회하여
제거하지도 못한 채 여전히 매미 소리에 집착하며 지렁이 구멍 속에
서 살고 있구나! 가을 물 넘실넘실하고 바람과 이슬이 벌써 가득하
니, 진실로 감정이 있다면 누가 이런 것을 그냥 보낼 수 있을까?
내가 말이 많으면서도 내가 진실로 말이 많은지 알지 못하겠구나.

【 해 제 】

왕미가 자신의 작품집인『완재편(宛在篇)』에 쓴 서문이다. 비록 기녀의
신분이었지만 문학 창작에 대한 열정이 누구보다 높았던 왕미의 내면세계
가 선명하게 드러난 글이다. 자연을 바라보며 느끼는 정감을 글로 표현하
고 싶은 욕망이 강하게 드러나 있으며, 이를 제어하려고 해도 제어할 수
없는, 창작을 향한 열정이 역동적으로 묘사되어 있다.

樾館詩⁶⁾自敍

生非丈夫, 不能掃除天下, 猶事一室⁷⁾. 參誦⁸⁾之餘, 一言一

---

6) 樾館詩(월관시): 왕미의 시집명. 『고금도서집성(古今圖書集成)·규원전
(閨媛典)·규조부(閨藻部)』에 수록되어 있다.

7) 生非丈夫, 不能掃除天下, 猶事一室(생비장부, 불능소제천하, 유사일실):

詠. 或散懷花雨, 或箋[9]志水山. 喟然而興, 寄意而止. 妄謂世間, 春之在艸, 秋之在葉, 點綴生成, 無非詩也. 詩如是, 可言乎? 不可言乎?

『월관시橇館詩』자서

장부로 태어나지 못해 천하를 마음껏 평정하지도 못하고 오히려 한 집안만 섬기게 되었구나. 참선하면서 경전을 외우던 틈틈이 시를 읊조렸다. 때로는 꽃과 비에 대한 감정을 풀어내기도 하였고 강과 산에 대한 생각을 드러내기도 하였다. 그러다가 탄식하며 일어나 뜻을 기탁한 후에야 그쳤다. 망령되이 생각하노니, 인간 세상 봄에는 풀이요, 가을에는 낙엽이라 이런 것들을 엮어내면 시가 아닌 것이 없다. 시를 이렇게 표현해도 되는가? 안되는가?

【 해 제 】

왕미가 자신의 작품집인 『월관시』에 쓴 서문이다. "장부로 태어나지 못해 천하를 마음껏 평정하지도 못하고 오히려 한 집안만 섬기게 되었구나(生非丈夫, 不能掃除天下, 猶事一室)"라고 한 문장에서 세상을 향해 자신을

장부로 태어나지 못해 천하를 마음껏 평정하지도 못하고 오히려 한 집안만 섬기게 되었다. 『후한서(後漢書)·진번전(陳蕃傳)』에는 "대장부가 세상에 살아가면서 응당 천하를 평정해야지 어찌 한 집안만 섬기고 있겠는가?(大丈夫處世, 當掃除天下, 安事一室乎)"라는 문장이 있다.

8) 參誦(참송): 참선하면서 경전을 외우다.

9) 箋(전): 원래는 편지라는 뜻이나 여기서는 글로 표현해낸다는 뜻의 동사로 쓰였다.

드러내고 싶은 욕망, 호방한 기상이 느껴진다. 또한 자연 풍경을 보며 느끼는 감성과 이를 시로 표현하고 싶은 창작에 대한 열망을 잘 표현하였다. 명대 종성(鐘惺)은 『명원시귀(名媛詩歸)』에서 왕미에 대해 "그 시는 아름다우면서 빼어나고 그윽하다(其詩娟秀幽妍)"라고 평하였는데 이 서문에서도 그러한 풍격이 잘 드러났다.

유숙 ‖ 劉淑

个山遺集[1]自敍

　明泉繪日, 皎雪籠霞. 翻碧落[2]而吹淸籟, 撫素徽[3]而睹游魚. 雖掩映堪標, 恐山河影缺也. 玉毫浣淚於澄波, 銀管結芬於淸汗. 歎斯風之旣邈, 亦碎首[4]以留題. 剜月剖天, 不假蠹魚[5]故紙, 墨陣管鋒, 弗窺公孫[6]擊劍.

　嗟乎! 錦水沈仙, 塞雲泣雁. 自斷此生, 天問奚答? 乃細碾霜蕊, 函之冰笈. 愧補齋壇之風雪, 聊寄漆室[7]之悲操耳.

---

1) 个山遺集(개산유집): 유숙의 작품집이다. 총7권으로 권1~권5에는 시, 권6
   은 사, 권7은 잡문(雜文)이 수록되어있다. 책 서두에 자서 외에도 왕백추
   (王伯秋), 오기(吳錡)의 서문이 수록되어있다.

2) 碧落(벽락): 하늘. 백거이(白居易)의 「장한가(長恨歌)」에는 "위로는 하늘
   끝까지 다 하고 아래로는 황천까지 닿으니 서로가 아득하여 만날 길이 없
   구나(上窮碧落下黃泉, 兩處茫茫皆不見)"라는 구절이 있다.

3) 徽(휘): 금휘(琴徽). 거문고 현을 매는 줄.

4) 碎首(쇄수): 머리가 깨어져 부스러지다. 목숨을 무릅쓰고 간언하는 행위를
   의미한다.

5) 蠹魚(두어): 좀벌레. 책 혹은 책벌레에 대한 은유로도 쓰인다.

6) 公孫(공손): 당대(唐代) 공손대낭(公孫大娘)을 가리킨다. 당대 궁정의 무
   희(舞姬)로 특히 검무(劍舞)로 이름을 날렸다.

7) 漆室(칠실): 춘추(春秋) 시기 노(魯)나라의 고을 이름. 한대(漢代) 유향(劉
   向)의『열녀전(列女傳)·칠실녀(漆室女)』에는 노(魯) 목공(穆公) 때 왕은
   늙고 태자는 어려서 나라가 매우 위급한 상황이었는데 칠실(漆室)의 여성
   들이 기둥에 기대어 휘파람을 불면서 나라와 백성들을 걱정하였다는 이야
   기가 전해진다. 이후로 나라 일을 걱정하는 전고(典故)로 사용되었다.

출처: 『**고금여사**(古今女史)』

『개산유집^{个山遺集}』 자서

맑은 샘에는 해가 그려지고 흰 눈에는 노을이 덮힌다. 하늘을 뒤집을 듯 맑은 퉁소 불고 거문고 어루만지며 노니는 물고기를 바라본다. 빛은 가려도 드러나겠지만 산과 강의 그림자 이지러질까 두려울 뿐이다. 옥으로 된 붓은 맑은 파도에 눈물을 씻고 은으로 된 붓은 맑은 땀에 향기를 맺는다. 이러한 풍류가 이미 멀어졌음을 탄식하며 머리를 부스러뜨려서라도 내 생각을 글로 남기려 한다. 달과 하늘을 새기듯 글을 쓸 때는 좀 먹은 옛 문장을 빌리지 않았고 먹을 펼쳐서 붓끝을 휘두를 때에도 공손대낭(公孫大娘)의 검술을 거들떠보지 않았다.

슬프다! 비단 같은 강물에 신선이 빠지고 변방의 구름 속에서 기러기 운다. 이 삶을 스스로 끊은 들, 하늘에 물어도 무슨 답이 오겠는가? 이에 서리 맞은 꽃술을 곱게 빻아서 얼음 같은 책 상자 안에 넣어두었다. 부끄럽게나마 바람서리 맞은 나라의 사직을 메우고, 그저 칠실(漆室)의 여성들처럼 나라 일을 걱정하는 슬픈 정조(情操)를 부치고자 한다.

개산인(个山人) 유숙(劉淑)이 씀.

유숙이 자신의 작품집 『개산유집』에 쓴 서문이다. 유숙은 일찍이 부모를 잃고 결혼한 지 얼마 되지 않아 남편까지 잃으면서 고달픈 삶을 살았지만 평생 수절하며 꿋꿋하게 살았다. 더욱이 명나라가 몰락하자 이를 비통해하며 가산을 팔아 청나라 군대에 저항하는 일을 적극적으로 도왔는데 시대에 대한 비분강개, 나라에 대한 걱정, 삶과 죽음을 엄숙하게 바라보는 시선 등이 이 글에 잘 드러났다. 자신의 글을 공손대낭의 검술로 비유한 표현에서 유숙의 호방한 기운이 느껴진다.

육경자 ‖ 陸卿子

題項淑¹⁾裁雲草²⁾序

我輩酒漿烹飪是務, 固其職也. 病且戒無所事, 則效往古女流遺風賸響而爲詩. 詩固非大丈夫職業, 實我輩分內物也. 惜無嫺詞以傳其志, 方切自慚, 而得嘉禾項淑黃夫人者. 名閨奇媛, 出字高門, 經史傳家, 雕龍³⁾世業. 染翰濡毫, 不思而構, 每一擒藻⁴⁾, 落筆成風. 雅逸鮮姸, 備邁衆妙, 觀者目眩心驚, 卽子墨客卿⁵⁾所不能得. 而君得之若探囊取珠, 非宿世才情, 何以有此!

我輩垂垂⁶⁾衰落, 記述幾何! 而謬爲見諒者, 妄錄其愚矣,

---

1) 項淑(항숙): 항난정(項蘭貞)을 가리킨다. 항숙(項淑)은 또 다른 이름이다. 자는 맹완(孟畹), 수수(秀水, 절강성(浙江省) 가흥(嘉興)) 사람으로 황묘석(黃卯錫)의 처이다. 『재운초(裁雲草)』, 『월로음(月露吟)』, 『영설재유고(詠雪齋遺稿)』 등의 작품집이 있으나 일실되었다.

2) 裁雲草(재운초): 항난정의 작품집으로 현재 전해지지 않고 육경자의 서문만 남아 있다. 이 서문을 통해 항난정과 육경자가 서로 문학적으로 교유하였던 관계였음을 알 수 있다.

3) 雕龍(조룡): 용을 새기는 것처럼 문장을 아름답게 꾸미다.

4) 擒藻(이조): 아름다운 문장을 짓다.

5) 子墨客卿(자묵객경): 남성 문인을 비유한다. 한대(漢代) 양웅(揚雄)의 「장양부서(長楊賦序)」에 "그저 붓과 먹을 놀려 문장을 이루니 붓을 빌려 주인으로 삼고 먹을 손님으로 삼아 풍자한다(聊因筆墨之成文章, 故藉翰林以爲主人, 子墨爲客卿以風)"라는 문장이 있다.

6) 垂垂(수수): 아래로 드리운 모습. 축 처진 모양.

庶幾比之饑年糠粃[7]乎! 他時感夫人而興起者何限! 後生可畏,
故知玉振金聲[8]君其作, 明時大家, 可望而至. 因君謬爲見知,
以此相勗, 當必無讓. 讀『裁雲草』一過, 四山盡作玉珮琳瑯[9],
山中人誠不貪矣. 聊題數語, 歸之詠雪齋[10].

　　陳眉公[11]曰: 數語弁端, 與『裁雲草』琳瑯相和.

항난정項蘭貞의 『재운초裁雲草』에 서를 쓰다

　　우리 여인네들은 술과 장을 담그고 요리를 하는 일에 힘써왔는데
이는 그것이 원래 우리의 직분이기 때문이다. 하지만 병이 나거나
재계 중이라 일이 없을 때 옛 여성문인들의 유풍(遺風)을 본받아
시를 짓곤 하였다. 시란 본디 대장부들이 할 일이 아니고 실은 우리
여인네들이 해야 할 일이다. 애석하게도 뜻을 전할 고상한 문장이
없어 마침 매우 부끄럽게 생각하고 있었는데 가화(嘉禾)의 황부인
(黃夫人) 항숙(項淑)을 알게 되었다. 항난정은 명문가의 재덕을 겸비

---

7) 糠粃(강비): 겨와 쭉정이. 가치 없는 사물을 비유한 말이다.

8) 玉振金聲(옥진금성): 원래는 성인의 덕이 곳곳에 울려 퍼진다는 뜻이나 여
　기서는 항정란의 문장이 훌륭하여 후세에 널리 알려짐을 비유적으로 표현
　하고 있다.

9) 琳瑯(임랑): 아름다운 옥. 옥이 서로 부딪혀 내는 소리. 수려한 문장. 여기
　서는 항정란의 뛰어난 문장에 대한 은유적인 표현으로 쓰였다.

10) 詠雪齋(영설재): 항난정이 거처하였던 곳이다.

11) 陳眉公(진미공): 명대 문학가이자 서화가인 진계유(陳繼儒)이다. 자는 중순
　(仲醇), 호는 미공(眉公)이고 화정(華亭, 절강성 송강(松江)) 사람이다. 『
　진괴뢰(眞傀儡)』, 『진미공집(陳眉公集)』, 『유창소기(幽窗小記)』등의 작
　품집이 있다.

한 규수로 훌륭한 가문으로 시집갔는데 경사를 집안 대대로 전하고, 글 짓는 일을 여러 대 동안 이어온 그런 집안이었다. 항난정은 붓을 먹에 적셨다 하면 생각을 깊이 하지 않아도 시가 이루어졌고 매번 시를 써낼 때마다 붓을 대자마자 일필휘지(一筆揮之)하였다. 그 시는 아름답고 빼어났으며 온갖 오묘함을 다 갖추어 그 시를 읽는 사람은 눈이 번쩍 뜨고 마음이 놀랐으니 대장부들도 이룰 수 없는 것이었다. 그런데 항난정은 그것을 마치 주머니를 뒤져서 진주를 꺼내듯 하였으니 전생에서부터 타고난 재주가 아니면 어찌 이럴 수 있겠는가?

날로 쇠잔해가는 우리가 시인들 얼마나 남기겠는가? 그런데도 나는 외람되이 항난정의 인정을 받아 함부로 나의 어리석음을 기록하고 있으니 거의 흉년의 겨와 쭉정이와 비교되지 않겠는가! 먼 훗날 항난정의 시에 감동을 받아 감흥을 일으킬 자들을 어찌 이루 다 헤아릴 수 있으리오! 후생가외(後生可畏)라 했던가, 그대가 빼어난 시를 지음에 이 시대의 대가들이 그대를 우러러 찾아올 것임을 알겠다. 외람되이 그대의 지기가 되어 서문을 써 달라 부탁받았으니 마땅히 사양해서는 안 되리라. 『재운초(裁雲草)』를 읽어보니 사방의 산에서 옥패가 서로 부딪혀 아름다운 소리를 내는 것 같아 산 속의 사람은 진실로 가난하지 않도다. 부족하나마 몇 마디 써서 영설재(詠雪齋)에 보낸다.

진미공(陳眉公)이 평한다. "몇 마디 말에 불과한 서문이 『재운초』의 쟁그랑거리는 옥 소리와 서로 어울린다."

[해   제   ]

육경자가 항난정의 『재운초』에 써준 서문이다. 육경자와 항난정이 문학적으로 교류하였던 상황을 알 수 있는 중요한 자료이다. 육경자는 항난정의 인품과 재주를 칭송하면서 그 시의 장점을 '생각을 깊이 하지 않아도 시가 이루어지는 것(不思而構)'과 '붓을 대자마자 일필휘지하는 것(落筆成風)'으로 꼽고 있다. 이는 가도(賈島)가 「제시후(題詩後)」에서 "시 두 구절을 삼년 만에 지으니, 한번 읊을 때마다 두 줄기 눈물이 흐르네(二句三年得, 一吟雙淚流)"라고 하던 것과는 사뭇 다른, 호방한 시작(詩作) 태도이다. 육경자는 이러한 시작 태도가 항난정이 평상시 경전과 역사서를 두루 섭렵한 것에서 나왔다고 보았다. 그래서 이를 주머니 속에 진주알이 많이 들어 있어서 손 가는대로 아무렇게나 꺼내어도 다 주옥이 나오는 것으로 비유하였다.

육경자는 또한 서문에서 "시란 본디 대장부들이 할 일이 아니고 실은 우리 여인네들이 해야 할 일이다(詩固非大丈夫職業, 實我輩分內物也)"라고 하였다. 육경자는 서문에서 이 문장의 의미를 구체적으로 밝히지 않았지만, 분명한 것은 시 장르의 특성과 여성 특유의 섬세함, 감수성과의 연관성을 너무도 잘 포착하였다는 점이다. 더욱이 시가 전통적으로 과거 시험과 깊은 연관이 있었고 남성들의 전유물로 여겨졌던 것을 감안한다면 이는 남성문인들을 향한 일종의 선전포고와도 같은 도발적인 선언이다.

이벽 ‖ 李蘗

介菴集自序

幼時父母授以閨訓, 間出遺書分讀, 頗能成誦. 量薪數粒之
嗇, 憂貧慕富之貪, 實深惡之. 故寧甘吾拙, 而圖史爲粻, 素
毫[1]若纊而已.

출처: 『**역대부녀저작고**(歷代婦女著作考)』

『개암집介菴集』 자서

어렸을 적에 부모님께서 규방의 가르침을 전수하시면서 남아 있
던 책을 간간이 꺼내 조금씩 읽어주셨는데 나는 곧잘 외울 수 있었
다. 땔나무 세고 곡식 낱알 세는 인색함이나 가난을 근심하고 부귀
를 흠모하는 탐욕은 내가 정말로 매우 싫어하는 것이다. 그래서 나
는 차라리 내 졸렬함을 달게 여기며 서적을 양식으로 삼고 붓을
솜옷과 같이 여길 따름이다.

【 해 제 】

이벽이 자신의 작품집 『개암집』에 쓴 자서이다. 짧은 편폭이지만 이벽의

---

1) 素毫(소호): 붓.

곧은 성품과 세속적 욕망에 얽매이지 않는 유유자적함을 느낄 수 있다.

형자정 ‖ 邢慈静

黔塗略[1] 自序

黔[2]之役, 周戚暍識, 百爾輟其轄. 先大夫[3]笑謂: "遼不必 菀[4]於黔也, 當塗[5]者, 或以宜遼必宜黔耳. 余而輟行, 將余爲 避事乎?" 妄意未敍於遼者, 或敍於黔, 此先大夫意中事, 黙 不以發也. 竟成行.

載途之苦, 雖從先大夫後, 卽覺步步鬼方[6], 未必生還. 謂 氏[7]積疴在身, 積瘁在心, 不用爲先大夫疑也. 抵任則敗石支 牀, 綯木[8]爲案, 茶鎗毀耳, 藥竈折梁, 匕箸長短參差狀. 先大 夫微哂相對曰: "節鉞[9]退方, 供帳器具, 不減王者居, 人言不

---

1) 黔塗略(검도략): 형자정의 작품집으로 남편 마증(馬拯)이 귀주(貴州)에서 벼슬을 지내다가 죽자 남편을 고향까지 운구해오면서 느꼈던 생각과 겪었 던 일들을 쓴 것이다. 작품집 앞에는 형자정의 자서가, 뒤에는 만청(晩淸) 섭수해(聶樹楷)의 발문이 수록되어 있다.

2) 黔(검): 귀주(貴州)의 다른 명칭.

3) 先大夫(선대부): 죽은 남편 마증(馬拯)을 가리킨다.

4) 菀(울): 무성하다.

5) 當塗(당도): 정권을 잡다. 요직에 있는 사람.

6) 鬼方(귀방): 벽지(僻地).

7) 氏(씨): 1인칭 대명사. 나.

8) 綯木(추목): 추(綯)는 주름졌다는 뜻. 추목은 등급이 높지 않은 나무를 가리 킨다.

9) 節鉞(절월): 부절과 도끼. 권력을 부여받는 것을 뜻한다.

盡然矣. 若用爲調, 實用爲嘯云." 會苗議違心, 不視事者幾月. 月中支費, 悉屬氏簪珥及奩中齎爲往費餘者.

乃四月一日, 所天[10]見背矣. 氏思萬里殊荒, 攜一弱小兒, 安得妥櫬還也. 一慟倒地, 不知身之在遠. 卽微息脉脉喉間, 嫗婢不能噓吸探也. 王嫗從傍泣曰: "浹日[11]不獲聽微息, 而冀生致是惑矣. 卽不克備下里[12]一切, 何至一簪不得着身?" 倉皇間, 貫顚以釵, 强作寸入, 數日甦以詰嫗. 嫗曰: "向虞着之不堅耳, 何知今日?" 相持而泣, 竟月水漿不入口, 昕夕督僕上食[13]. 哭臨, 竭血繼者屢矣. 輕塵之身, 不惜一死, 卽弱小兒, 亦付無可奈何, 獨此亡丈夫之櫬, 不手厝[14]家寢[15], 死且不瞑, 何婦人爲.

乃厭厭[16]扶櫬還, 沿途有死無生之狀, 百口不能摹. 危山險水, 魄震魂搖者, 千口不能摹. 封豕長蛇[17]之怒, 豺號虎嘯之威, 俾母子瞬不及顧者, 萬口不能摹. 痛定思痛, 姑條分其槪, 俾後世子孫, 知余之苦, 遠謝一死萬萬耳. 如曰: 敢以布之大人長者, 則妄矣.

출처: 『역대부녀저작고(歷代婦女著作考)』

---

10) 所天(소천): 남편.

11) 浹日(협일): 십간(十干)의 갑(甲)부터 계(癸)에 이르는 날짜. 즉 열흘.

12) 下里(하리): 죽은 자를 장사지내는 곳. 『한서(漢書)·전연년전(田延年傳)』의 안사고(顏師古) 주에 "죽은 자는 호리(蒿里)로 돌아가 땅 아래에 묻히니 이 때문에 하리(下里)라고 한다(死者歸蒿里, 葬地下, 故曰下里)"라는 문장이 있다. 여기서는 장사지내는 것을 뜻한다.

13) 上食(상식): 제사 음식을 올리다.

14) 厝(조): 관을 묻다.

15) 家寢(가침): 집안의 묘터. 선영(先塋).

16) 厭厭(염염): 병약한 모습을 형용한다.

17) 封豕長蛇(봉시장사): 큰 돼지와 기다란 뱀. 악당, 침략자 등을 비유한다.

『검도락黔塗略』 자서

귀주(貴州)의 벼슬살이를 주씨(周氏) 친척 분께서 잘 아시는 터라 백방으로 말리셨다. 하지만 돌아가신 남편께서는 웃으시며 "요(遼)가 귀주보다 꼭 번화한 것은 아니니 벼슬하는 자라면 요에도 갈 수 있어야 하고 귀주에도 갈 수 있어야지요. 내가 가지 않는다면 이 일을 피하는 게 되지 않겠습니까?"라고 하셨다. 나는 남편이 아마도 요에서 펼치지 못한 뜻을 혹 귀주에서 펼치시려나보다고 망령되이 생각하였다. 이는 남편이 결정한 일인지라 잠자코 아무 말도 없이 결국 우리는 길을 떠났다.

귀주까지 가는 길은 매우 고통스러워 비록 남편의 뒤를 따르기는 하였으나 먼 변방을 향해 한걸음씩 내딛을 때마다 문득 살아서는 돌아오지 못할 것이라고 느끼곤 했다. 나는 몸에 병이 났고 마음이 고달팠으나 그런 것으로 남편에게 큰 근심거리를 끼치지 않아야 된다고 생각했다. 부임해서는 깨진 돌로 침상 다리를 받쳤고 변변찮은 나무로 책상을 만들어 썼다. 차 끓이는 솥은 귀가 다 날아가고 약 달이는 부엌은 들보가 부러져 있었으며 숟가락 젓가락은 길이가 들쑥날쑥 맞지 않았다. 남편께서는 빙그레 웃으시며 나를 마주하시고는 "먼 곳의 절도사가 되면 제공되는 휘장이며 기구들이 왕의 거처보다 못하지 않다고 하더니 사람들의 말이 다 맞는 것은 아닌가 보오. 이런 걸로 재미삼다 보면 실제로 웃게 되기도 하겠지"라고 하셨다. 때마침 묘족(苗族)에 대한 의론도 뜻이 잘 맞지 않아 집무를 하지 못한 것이 몇 개월이나 되었다. 매달 지출은 모두 내 비녀와 귀고리, 여비로 쓰려고 가져왔다가 남은 상자 속 재물들로 충당하였다.

4월 1일, 남편이 세상을 떠나셨다. 나는 머나먼 변경에서 어린 아들 하나 데리고 어떻게 고향까지 운구해가나 싶었다. 통곡하자마자 땅에 쓰러지니 몸이 먼 지역에 있다는 것도 알지 못하였다. 목구멍 사이에 간신히 숨이 붙어 있긴 했지만 노비들은 내 숨소리를 듣지 못하였다. 왕씨(王氏) 할멈은 옆에서 울며 "열흘 동안 가냘픈 숨소리조차 들을 수 없으니 살기를 바랄 수나 있을지 모르겠네. 모든 장례 준비를 할 수 없는 것은 그렇다 치더라도 어쩌다 비녀 하나도 몸에 꽂을 수 없는 지경이 되었나?"라고 하였다. 나는 황망한 사이에 비녀를 뒤집어 꽂아 억지로 한 치쯤 집어넣고 며칠 만에 소생하여 할멈에게 어찌된 일이냐고 물었다. 할멈이 "예전에는 비녀 꽂는 것이 단단하지 못함을 근심할 뿐이었는데 오늘 같은 날이 오게 될 줄 어떻게 알았겠습니까?"라고 하자 서로 붙들고 울었다. 한 달 내내 미음조차 입으로 넘기지 못하면서도 조석으로 하인들이 제사상 올리는 것을 살폈다. 곡(哭)을 하다가 피가 마른 상태가 계속된 것이 여러 번이었다. 속세의 몸 한 번 죽는 것도 아깝지 않고 어린 아들도 어쩔 수 없다고 하더라도 죽은 남편의 관을 선영(先塋)에 직접 묻어주지 못해 죽어도 눈을 감을 수 없게 한다면 어찌 부인이라 하겠는가!

이에 병든 몸을 이끌고 관을 붙들며 돌아오는데 오는 길에 삶은 없고 죽음만 있는 상황은 입이 백 개라도 다 묘사할 수 없다. 험난한 산과 강에서 혼백이 요동친 것은 입이 천 개라도 다 묘사할 수 없다. 큰 멧돼지와 기다란 뱀이 성을 내고, 포효하는 승냥이와 호랑이가 위협하여 우리 모자가 잠시도 돌아볼 수 없게 하였던 것은 입이 만 개라도 다 묘사할 수 없다. 고통이 가라앉은 다음 그 고통을 다시 생각하며 잠시나마 그 대략의 상황들을 조목조목 가려 써내어 후손들에게 나의 고통을 알게 하였으니 한 번 죽어 멀리 떠나더라도 여한이 없을 따름이다. 만일 감히 군자와 덕이 있는 자들에게 보여준다면 망령된 짓이리라.

형자정이 자신의 작품집『검도략』에 쓴 서문이다. 이 글에는 형자정이 남편 마중을 따라 귀주에서 지내다가 남편이 죽자 관을 끌고 고향으로 돌아오는 길에 느꼈던 소회들이 섬세하게 묘사되어 있는데 형자정의 생애를 파악하는 데 매우 중요한 자료이다. 남편을 잃은 슬픔과 인생의 처절함, 고난을 극복하려는 강직함이 생동감 있게 표현되었다.『무정주지(武定州志)』에는 형자정에 대해 "박학다식하고 문장을 잘 지었으며 시는 청아하고 풍취가 있다. 서예와 그림은 모두 뛰어난 작품으로 일컬어지니 그 오빠인 형동(邢侗)과 이름을 나란히 할 만하다(博學善屬文, 詩有淸致, 書畵俱稱絶品, 與兄侗齊名)"라고 평하였다. 서문에서도 형자정의 고상하면서도 청아한 문장의 풍격이 잘 드러났다.

형자정의 「여래불(如來佛)」

문예교류

"푸르고 푸른 측백나무, 추운 날씨에도 변하지 않거늘 지금에 이르러 변하고 말았네. 그 사람을 그리워하면 그 사람은 영원히 살아계시지."

맹사광(孟思光)의 「『백루음(柏樓吟)』을 읽고 쓴 시 3장(章)의 서」 중에서

고약박 ‖ 顧若璞

與張夫人

冢婦[1]丁[2], 從余讀唐人詩. 其寄燦[3]有云: "故有愁腸不怨君", 語幾於怨誹不亂[4]矣. 與燦酒間, 絶不語及家事. 時爲天下畫奇計, 而獨追恨於屯事之壞也. 且曰: "邊屯則患傍擾, 官屯則患空言鮮實事. 妾與子戮力經營, 倘得金錢二十萬, 便當北闕上書, 請淮南北間田墾萬畂. 好義者引而伸之, 則粟賤而餉足, 兵宿飽矣. 然後仍擧鹽筴[5], 召商田塞下, 如此則兵不增而餉自足, 使後世稱曰: '以民屯[6]佑天子, 蓋虞孝懿女實始爲之.' 死且瞑目矣." 其言雖誇, 然銷兵屯師, 洒洒成議, 其志良不磨, 夫人許之否?

---

1) 冢婦(총부): 맏며느리.
2) 丁(정): 고약박의 맏며느리인 정씨(丁氏)로, 이름은 옥여(玉如), 자는 연벽(連璧), 시호는 효의(孝懿)이다.
3) 燦(찬): 고약박의 맏아들 황찬(黃燦)을 말한다.
4) 怨誹不亂(원비불란): 원망하고 비난하기는 하나 도리를 어지럽히는 것은 아니다. 이 말은 『사기(史記)·굴원가생열전(屈原賈生列傳)』의 "「국풍(國風)」은 색을 좋아하기는 하나 지나치지 않고「소아(小雅)」는 원망하고 비난하기는 하나 도리를 어지럽히는 것은 아니다(「國風」好色而不淫,「小雅」怨誹而不亂)"에서 나왔다.
5) 鹽筴(염협): 소금에 관한 정책. 협(筴)은 책(策)과 같은 뜻이다.
6) 民屯(민둔): 옛날 둔전(屯田)의 하나. 나라에서 땅이 없는 농민들을 모집하여 국유지나 황무지를 경작하게 하고 규정대로 곡식을 납부하게 했다.

장부인張夫人에게

우리 맏며느리인 정씨(丁氏)는 나를 좇아 당시(唐詩)를 읽었습니다. 며느리가 남편 황찬(黃燦)에게 편지를 부쳐 말하길, "짐짓 근심 어린 마음이 있어도 그대를 원망하지 않습니다"라고 했는데, 이 말은 원망이 섞여 있긴 하지만 도리를 어지럽힌 것은 아닙니다. 며느리는 남편과의 술자리에서도 절대 집안일에 대해 언급하지 않았습니다. 때로는 천하를 위한 기이한 계책들을 내놓았는데, 유독 둔전제(屯田制)가 무너져버린 것을 안타까워했습니다. 아울러 말하길, "변둔(邊屯)은 주변의 소요가 걱정되고 관둔(官屯)은 빈 말만 무성하고 실제적인 일이 적을까 걱정됩니다. 저와 당신이 온 힘을 다해 경영하여 금전(金錢) 20만을 얻는다면 곧 조정에 상소를 올려 회하(淮河) 남북에 전지 만 묘(畝)를 개간하게 해 달라고 주청합시다. 의로움을 좋아하는 사람들이 우리가 한 것을 보고 자기들도 그렇게 한다면 곡식 값이 싸져 군량(軍糧)도 충분할 것이고 군사들은 항상 배부를 것입니다. 그런 후에 또 소금에 관한 정책을 써서 상인들을 불러들여 변방을 개간하게 한다면 군사를 늘리지 않고도 군량이 충분하게 될 것이니, 후대에 '민둔(民屯)으로 천자를 도운 것은 아마도 생각하건대 정효의(丁孝懿)라는 여성이 실로 처음 그렇게 한 것이다'라고 칭해질 수 있을 것입니다. 그렇게 된다면 저는 죽더라도 눈을 감을 수 있겠습니다"라고 하였습니다. 그 말이 비록 과장되긴 하지만 군사의 수를 감축하고 군대를 주둔시키는 것에 대해 거침없이 의론하였으니 부인께서는 그 뜻이 실로 불멸의 것이라 생각지 않으십니까?

　　고약박이 자신의 친구인 장부인(張夫人)에게 보내는 서간문이다. 고약박
은 장부인에게 보내는 편지에 맏며느리 정효의(丁孝懿)가 아들 황찬(黃燦)
에게 둔전제에 대한 견해를 편지로 써서 보낸 문장을 그대로 인용하여 썼다.
여성문인이 남편과 편지를 주고받으며 둔전제에 대해 토론하는 것도 그리
흔하지 않은 일인데다 고약박이 며느리의 일을 다시 편지로 써서 둔전제에
대한 장부인의 견해를 묻는 것도 매우 흥미로운 상황이다. 여성문인들의
관심이 대부분 규방 내에만 머물렀던 것에서 벗어나 적극적으로 사회문제
에 관심을 갖고 이에 대해 언급하기 시작하였음을 보여주는 글이다.

맹사광 ‖ 孟思光

讀柏樓吟¹⁾三章序

『柏樓吟』者, 余貞姑守志不字所作也. 貞姑坐臥樓上, 垂²⁾
數十年而卒. 相傳吟咏甚多, 今所存止二十章, 無一語不爲想
念其夫君而作. 吾家君³⁾將鋟⁴⁾而傳之, 命余校正, 聊賦三章,
以志余慕焉. 詩曰:

青青者柏, 歲寒不改.
至於今兮, 柏則有改.
言念其人, 其人永在.

---

1) 柏樓吟(백루음): 맹온(孟蘊)의 작품집이다. 맹온의 자는 자온(子溫)이고 절
   강성(浙江省) 제기(諸暨) 사람이다. 좨주(祭酒) 맹탄(孟誕)의 딸이고 시어
   (侍御) 장문욱(蔣文旭)의 처이다. 남편이 죽은 뒤 평생 수절하였다. 『백루
   음』은 총 2권으로 권1에는 칠언고시 2수, 오언율시 8수, 칠언율시 3수, 오
   언절구 2수, 육언시 2수, 칠언절구 35수가, 권2에는 「매화백영(梅花百詠)」
   100수가 수록되어 있다.
2) 垂(수): 거의.
3) 家君(가군): 남에게 자신의 아버지를 지칭하는 말로, 맹칭순(孟稱舜)을 가
   리킨다. 맹칭순의 자는 자색(子塞), 호는 와운자(臥雲子), 화서선사(花嶼
   仙史)이다. 작품으로 잡극(雜劇) 『화전일소(花前一笑)』, 『도원삼방(桃源
   三訪)』, 전기(傳奇) 『장옥낭규방삼청앵무묘정문기(張玉娘閨房三淸鸚鵡
   墓貞文記)』 등이 있다.
4) 鋟(침): 판각하다.

巍巍者樓, 百年不壞.
至于今兮, 樓則有壞.
言念其人, 其人永在.

石方其堅, 柏方其節.
柏則有枯, 石則有裂.
其詩其人, 至今不滅.

출처: 『역대부녀저작고(歷代婦女著作考)』

『백루음柏樓吟』을 읽고 쓴 시 3장章의 서

『백루음(柏樓吟)』은 나의 고모님 맹온(孟蘊)이 다른 사람에게 시집가지 않고 수절하며 지은 것이다. 고모님께서는 거의 수 십 년 동안 백루(柏樓)에서만 기거하시다가 돌아가셨다. 전해지는 시가(詩歌) 작품들이 매우 많았으나 지금 남아 있는 것은 겨우 20장(章) 뿐인데 한 마디라도 남편을 그리워하며 짓지 않은 것이 없다. 나의 아버지께서는 그것을 판각하여 전하려 하시면서 나에게 교정을 맡기셨다. 부족하나마 시 3장(章)을 지어 나의 흠모하는 마음을 표현하고자 한다. 시는 다음과 같다.

푸르고 푸른 측백나무,
추운 날씨에도 변하지 않거늘
지금에 이르러
측백나무는 변하고 말았네.
그 사람을 그리워하면
그 사람은 영원히 살아계시지.

높고 큰 누각,
백 년이 되어도 무너지지 않거늘
지금에 이르러
누각은 무너지고 말았네.
그 사람을 그리워하면
그 사람은 영원히 살아계시지.

돌은 그 단단함을 법도로 삼고
측백나무는 그 절개를 법도로 삼지만
측백나무는 시드는 일 있고
돌도 깨어지는 법 있다네.
그 시와 그 사람은
지금까지 사라지지 않았네.”

【 해　　　제 】

　　맹사광이 고모인 맹온의 작품집 『백루음』에 쓴 서문이다. 『백루음』은
맹사광이 거의 다 사라질 처지에 놓여 있었던 맹온의 작품들을 수집, 판각
한 것으로 여성문학 연구의 자료로서 가치가 매우 높다. 맹사광은 평생
수절하며 꿋꿋하게 살았던 고모 맹온의 인품과 덕행을 칭송하며 이 서문을
썼는데 “그 사람을 그리워하면 그 사람은 영원히 살아계시지(言念其人,
其人永在)”라는 구절에서 고모에 대한 애틋한 그리움을 느낄 수 있다.

상경란 ‖ 商景蘭

示媳書

焚棄筆墨, 幾三十年, 偶於兒子案頭見『琴樓合稿』[1]. 乃武陵張槎雲[2]所作, 槎雲才婦而孝女, 故其詩忠厚和平, 出自性情. 有三百篇之遺意, 反覆把玩, 不忍釋手, 因恩槎雲之才知. 汝輩能之槎雲之孝, 汝輩能之槎雲之才之美. 槎雲之孝之純, 汝輩共勉之.

출처 : 『명원척독(名媛尺牘)』

며느리에게 주는 편지

붓과 먹을 태워 버린 지 거의 30년이 되었는데 우연히 아들의 책상머리에서 『금루합고(琴樓合稿)』를 보았다. 무릉(武陵) 장사운(張槎雲)이 쓴 것이었다. 장사운은 재녀(才女)이자 효녀였으니 시에 충정과 후덕함, 온화함이 넘치는 것은 그 성정에서 나온 것이다.

---

1) 琴樓合稿(금루합고) : 장호(張昊)와 호대(胡大) 부부가 창화한 작품집이다. 상경란은 이 작품집에 서문을 써주었다.

2) 張槎雲(장사운) : 장호(張昊)를 가리킨다. 초원칠자(蕉園七子) 중 한 사람으로 자는 옥금(玉琴), 호는 사운(槎雲)이고 전당(錢塘, 절강성(浙江省) 항주(杭州)) 사람이다. 작품으로 『추정영(趨庭咏)』, 『금루합고(琴樓合稿)』 등이 있다.

『시경』이 남긴 뜻이 깃들어 있기에 반복하여 읽고 차마 손에서 놓지 못하면서 장사운의 재주와 슬기를 사랑하게 되었다. 너희들은 장사운의 효를 본받아야 하며 장사운의 재주와 아름다움을 본받아야 한다. 장사운의 효와 순수함을 그대들은 함께 힘쓸지어다.

【 해　제 】

상경란이 장호의 작품집 『금루합고』에 서문을 써 주고 장호의 재주와 효성에 감복하여 며느리들에게 장호를 칭송하며 쓴 서간문이다. 상경란의 두 며느리 역시 당시 재녀로 유명하였다. 맏며느리 장덕혜(張德蕙)는 자가 초양(楚纕)으로 「중추(中秋)」, 「증상군(贈湘君)」 등의 작품이 있고, 둘째 며느리 주덕용(朱德蓉)은 자가 조벽(趙璧)으로 「유산(游山)」, 「송별황개령(送別黃皆令)」, 「상사(上巳)」 등의 작품이 있다. 이 글을 통해 자식 교육에 정성을 쏟았던 상경란의 모습과 시어머니와 며느리가 서로 문학적으로 교유하였던 집안 분위기 등을 엿볼 수 있다.

오백 ‖ 吳柏

又寄呂家姊書

　織錦廻文[1]，　但聞其事，　未見其辭，　昨見父所錄「璇璣圖詩」[2]．　尺幅之間，　字不及千，　得三四五六七言詩，　三千餘首．　分章斷句[3]，　剖晰詳明，　眞奇觀也．　似此巧思妙手，　當有神工鬼斧[4]，　黙相贊成，　非關人力．　竇氏郎[5]有不相感格乎！　亟宜索觀，　知開闢以來，　未有此奇婦也．

출처 : 『명원척독(名媛尺牘**)』**

---

1) 廻文(회문): 어느 방향으로 읽어도 뜻이 통하는 한시(漢詩).
2) 璇璣圖詩(선기도시): 북조(北朝) 전진(前秦) 시기 진주자사(秦州刺史)였던 두도(竇滔)의 아내 소혜(蘇蕙)가 오색 실로 비단을 짜 시를 써넣은 것을 가리킨다. 가로세로 각각 29줄, 총 841자이다. 위에서 아래로, 아래에서 위로, 대각선으로 읽어도 시가 된다. 시는 3언, 4언, 5언, 6언, 7언 등 다양한 시체이고 3,752수의 시가 만들어진다.
3) 分章斷句(분장단구): 시를 읽을 때 어디까지가 한 장이고 그 장 안에서 한 구는 어떻게 끊어야 할 것인지를 나누는 일.
4) 鬼斧(귀부): 부(斧)는 도끼이다. 귀신이 만든 것 같은 기묘한 솜씨를 비유하는 표현.
5) 竇氏郎(두씨랑): 소혜의 남편 두도를 가리킨다. 『진서(晉書)·열녀전(列女傳)』에 의하면, 두도에게 조양대(趙陽臺)라는 첩이 있었는데 양양(襄陽)으로 귀양살이 가면서 첩만 데리고 떠났다. 소혜가 오색실로 회문시를 써서 두도에게 보내자 두도가 이를 읽고 감동받아 조양대를 보내고 소혜를 불러들였다고 한다.

여씨^{呂氏} 언니에게 또 보내는 편지

비단을 짜 회문(廻文)을 지었다는 일은 듣기만 하였지 그 글을 아직 보지 못했는데 어제 아버님이 기록해놓은 「선기도시(璇璣圖詩)」를 보았습니다. 한 자 쯤 되는 폭에 글자가 1,000자도 되지 않는데 3언, 4언, 5언, 6언, 7언시 3천여 수가 들어 있었습니다. 장(章)을 나누고 구(句)를 끊어가며 세밀하고 분명하게 밝혀내니 정말로 기이한 볼거리였습니다. 이처럼 빼어난 생각과 기묘한 솜씨라면 분명 귀신이 조화를 부려 몰래 도와주었을 터, 사람의 힘으로 할 수 있는 것이 아니었습니다. 두도(竇滔)가 어찌 감격하지 않을 수 있겠습니까? 서둘러 빨리 찾아서 읽어보세요. 세상이 열린 이래로 이렇게 뛰어난 부인이 없다는 것을 알 것입니다.

.... **[해 제]**

오백이 소혜의 회문시를 읽고 그 정교함에 감탄하여 여씨(呂氏) 언니에게 보낸 서간문이다. 회문시란 어느 방향으로 읽어도 뜻이 통하는 시로 재주가 보통 뛰어나지 않으면 짓기 힘든 시체(詩體)이다. 옛날 뛰어난 재주를 지닌 여성문인의 작품을 보며 감탄하고 흠모해하는 작가의 마음이 고스란히 담겨져 있다.

회문시

서원 ‖ 徐媛

與表妹邵夫人書

殘歲相催, 乖離日曠, 翹首東顧, 愴恨如何? 雲樹之思1), 中心彌結. 無以自遣, 徘徊庭際, 撫枕北牖, 惝恍間與兒子入夢. 覺後援筆記就, 書似吾妹解頤.

又「寄懷」二律尾後, 幷呈斧削2). 幸勿以效顰3)見嗤.

悠悠路岐, 渺然故居.
永遠違越, 沉思鬱紆.

乘高眺遠, 山川據之.
嗟哉此情, 援翰唏噓.

---

1) 雲樹之思(운수지사): 친구와 이별한 뒤에 느끼는 그리움이다. 이 말은 두보 (杜甫)의 시 「춘일억이백(春日憶李白)」 중 "이곳 위수 북쪽에는 봄철 나무가 싹트나, 그곳 장강 동쪽에는 해질녘 구름일 것을(渭北春天樹, 江東日暮雲)"에서 나왔다.

2) 斧削(부삭): 남에게 문장을 고쳐주길 바라면서 하는 겸손의 말이다.

3) 效顰(효빈): 함부로 남의 흉내를 내다. 이 말은 『장자(莊子)·천운(天運)』의 "서시가 가슴에 병이 있어서 미간을 찡그리고 다녔는데, 그 마을에 살던 못생긴 여자가 그것을 아름답다고 여겨 서시를 따라서 가슴을 잡고 미간을 찡그리고 다녔다(西施病心而臏其裏, 其里之醜人, 見而美之, 歸亦捧心, 而顰其里)"는 이야기에서 나왔다.

朱素衣[4]曰: 有室邇人遐, 陟崗采耳[5]之意

출처: 『고금여사(古今女史)』

사촌 여동생 소부인^{邵夫人}에게 보내는 편지

남은 세월은 짧고 헤어진 날은 멀어만 가는데 고개를 들어 동쪽을 바라보니 슬픔은 어떠하겠니? 너와 헤어진 뒤 느끼는 그리움에 가슴이 미어지는구나. 스스로 울적한 마음을 달랠 수 없어 정원을 배회하고 북쪽 창을 베고 누웠다가 얼떨결에 아들과 함께 잠이 들었단다. 깨어난 후 붓을 들고 꿈을 기록하여 보내니 이 글을 보면 네가 활짝 웃을 것 같구나.

또 편지 뒤에 「기회(寄懷)」 2수를 함께 보내니 고쳐주길 바란다. 내가 남의 흉내나 냈다고 비웃지나 말기를.

요원한 갈림길에
아득한 옛집이여.
영원히 넘어갈 수 없어
깊은 시름에 가슴만 답답하네.

높은 곳에 올라 멀리 바라봐도

---

4) 朱素衣(주소의): 생애 미상.

5) 采耳(채이): 도꼬마리를 캐다. 원문에는 '육(育)'으로 되어 있으나, '이(耳)'의 오자로 보인다. 도꼬마리를 캔다는 말은 사랑하는 사람에 대한 그리움을 비유한다. 이 말은 『시경(詩經)·주남(周南)·권이(卷耳)』의 "도꼬마리를 뜯고 또 뜯어도 납작바구니에도 차지 못하네. 아아, 내 그리운 님 생각에 바구니를 한길 위에 내던지네(采采卷耳, 不盈頃筐. 嗟我懷人, 寘彼周行)"에서 나왔다.

산천이 가로막고 있다네.
아! 이 감정을
붓을 잡고 탄식하네.

주소의(朱素衣)가 평한다. "'집은 가깝지만 사람이 멀리 떨어져 있어, 언덕에 올라 도꼬마리를 캐는' 뜻이 있구나."

【 해　제 】

서원이 사촌 여동생인 소부인(邵夫人)에게 보낸 편지로 두보가 이백과의 우정을 그리며 썼던 '운수지사(雲樹之思)'라는 말을 빌려 사촌 동생에 대한 그리움을 운치 있게 표현하였다. 또한 이 글을 통해 두 사람의 관계가 단순한 사촌 자매 사이가 아니라 서로의 시문을 주고받으며 첨삭을 가해주던 문학적 동반자였던 사실도 짐작해 볼 수 있다.

서원의 본가 유원(留園)

與仲容弟

承賢弟篤匪他[6]之誼, 愧鄙人乏棠棣[7]之誠. 雨雪征途, 匆匆遽去, 旅窗瞻盼, 曷任依依? 寒侵板輿, 得無良苦? 想日下已就高居, 承歡[8]庭右[9], 玩珠掌中, 阿翁稱快, 樂可知矣.

春來柏釀調漿[10], 椒花獻頌[11]. 靑韶媚序, 玉暖蘭閨, 欣羨! 欣羨! 別後擁爐草成數語, 少將木桃[12]之敬, 願邀明月之章[13], 錄似詞壇, 一一塗抹是望.

출처: 『명원척독(名媛尺牘)』

---

6) 匪他(비타): 형제. 이 말은 『시경(詩經)·소아(小雅)·규변(頍弁)』의 "어찌 남남이 따로 있나? 모두 형제이니 다른 사람 아니로다(豈伊異人, 兄弟匪他)"에서 나왔다.

7) 棠棣(당체): 상체(常棣)라고도 하며 형제를 의미한다. 『시경(詩經)·소아(小雅)·상체(常棣)』에는 형제간에 마땅히 우애가 있어야 함을 읊고 있는데, 이 시로 인해 상체라는 말은 후에 형제를 가리키게 되었다.

8) 承歡(승환): 부모님을 모시다.

9) 庭右(정우): 편지에서 상대방을 가리키는 말이다. 이 말은 원래 상대방에게 직접 말하기가 어려워 좌우의 하인들에게 대신 알리게 한 것에서부터 비롯되었다.

10) 柏釀調漿(백양조장): 백엽주(柏葉酒)를 담그다. 옛날 풍속에 따르면 설날에 백엽주를 마시면 나쁜 기운을 물리칠 수 있다고 한다.

11) 椒花獻頌(초화헌송): 새해가 되어 축사를 바치다. 『진서(晉書)·열녀전(列女傳)·유진처진씨(劉臻妻陳氏)』에 "유진(劉臻)의 처 진씨(陳氏)는 역시 총명하고 사리분별이 뛰어나며 문장을 잘 지었는데 일찍이 정월 초하루에 「초화송(椒花頌)」을 지어 바쳤다(劉臻妻陳氏者, 亦聰辨能屬文, 嘗正旦獻「椒花頌」)"라는 문장이 있다.

12) 木桃(목도): 모과보다 작고 떫은맛이 나는 과일 이름. 여기에서는 물건을 선물한다는 뜻으로 쓰였다. 이 말은 『시경(詩經)·위풍(衛風)·모과(木瓜)』에 "나에게 목도를 보내주었으나 아름다운 옥으로 보답하나니(投我以木桃, 報之以瓊瑤)"에서 나왔다.

13) 明月之章(명월지장): 『시경(詩經)·진풍(陳風)·월출(月出)』을 말한다. 단예(段譽)가 왕어언(王語嫣)에 대한 그리움의 마음을 전하며 읊은 시다.

동생 중용^{中容}에게

어진 동생의 넘치는 우애를 받고나니 형제에 대한 내 정성이 부족한 것 같아 부끄럽구나. 네가 눈비 내리는 길을 갑자기 떠나게 되니 객사의 창문으로 바라보며 어찌 이별의 아쉬움을 견딜 수 있었겠니? 추위가 스며드는 수레에서 어찌 고생이 없었겠니? 생각해보니 지금쯤 너는 이미 집에 도착해서 아버님을 기쁘게 모시고 손바닥 위 구슬 같은 자식을 바라보고 있을 터이니, 아버님도 기뻐하실 테고 네 즐거움도 가히 알 것 같구나.

봄이 오니 백엽주(柏葉酒)를 담그고 초화송(椒花頌)을 지어 새해를 축하하겠지. 봄빛이 곁채를 아름답게 비추고 부드러운 빛이 규방을 따뜻하게 하겠지. 부럽구나! 부럽구나! 헤어진 후에 화로를 안고 급히 몇 마디 말을 써서 목도(木桃)를 선물하는 공경의 뜻을 조금이나마 보내니 원컨대 그리움 가득한 시로 받아서 문단에서 하는 것처럼 일일이 색칠하거나 지워가며 고쳐주기를 바란다.

· ·　　　　　**【　해　　제　】**

서원이 사촌 동생인 중용(中容)에게 보내는 편지로 겨울의 추위를 무릅쓰고 자신을 방문해 준 것에 대해 감사의 인사를 하며 쓴 서간문이다. 문장 곳곳에서 사촌동생에 대한 누나의 애정이 진하게 드러난다. 마지막 구절에서 서원이 자신의 글을 보내고 문장을 고쳐줄 것을 부탁하는 대목에서 보건대 사촌동생과 서로 문장을 주고받으며 우애를 더욱 다져나갔음을 알 수 있다.

送孟年伯14)母還楚詩序

　風雨暮秋, 搖落河橋楊柳, 露華陽九15), 凋殘山鬢茱萸. 忽回天上之星槎16), 已門人間之懸榻17). 某也材慚樗散18), 質怯婆婆, 幸附驥尾之靑蠅19), 喜傍蒹葭之瓊樹20). 兩載相依, 每仰柏臺21)聆玉語, 一朝怨別, 已傷雲幕暼朱顏.

　求偕君子之交情, 難幷芝蘭22)之覿面. 遺來翡翠, 芳梳草髮

---

14) 年伯(연백): 아버지와 같은 해에 과거에 급제한 진사.

15) 陽九(양구): 중양절(重陽節).

16) 星槎(성사): 은하수를 건널 때 사용하는 뗏목. 전설에 따르면 옛날에는 은하수와 바다가 서로 이어져 있어서 바다에서 뗏목을 타면 은하수로 올라가 견우와 직녀를 만날 수 있다고 한다.

17) 懸榻(현탑): 현사(賢士)를 예우하다. 이 말은『후한서(後漢書)·서치전(徐稺傳)』의 "진번(陳蕃)이 군을 다스릴 때 손님을 접대하지 않았지만 오직 서치가 오면 특별히 의자 하나를 마련했다가 그가 가면 그것을 걸어놓았다(蕃在郡不接賓客, 唯稺來特設一榻, 去則懸之)"에서 나왔다.

18) 樗散(저산): 가죽나무는 좋은 목재가 아니어서 쓰지 않는다. 여기에서는 세상에 쓸모없는 물건이라는 뜻이다.

19) 驥尾之靑蠅(기미지청승): 천리마 꼬리에 붙어있는 파리. 이 말은 원래『사기(史記)·백이열전(伯夷列傳)』의 "안연(顏淵)은 비록 학문에 충실하였지만 천리마의 꼬리에 붙었기 때문에 그의 덕행이 더욱 뚜렷해졌다(顏淵雖篤學, 附驥尾而行益顯)"에서 나왔다. 사마정(司馬貞)은『사기색은(史記索隱)』에서 "파리는 천리마 꼬리에 붙어서 천리를 갈 수 있기 때문에 안회가 공자로 인해 명성을 날리게 됐음을 비유한 것이다(蒼蠅附驥尾而致千里, 以喻顏回因孔子而名彰)"라고 했다.

20) 蒹葭之瓊樹(겸가지경수): 옥수(玉樹) 곁에 있는 갈대. 보잘것없는 갈대가 옥수 곁에 있어 빛을 본다는 뜻이다. 이 말은 남조(南朝) 유의경(劉義慶)의 『세설신어(世說新語)·용지(容止)』중 "위나라 황제가 황후의 동생 모증(毛曾)을 하후현(夏侯玄)과 함께 앉게 했더니, 당시 사람들이 '갈대가 옥수에 기대어 있다'라고 말했다(魏皇帝使后弟毛曾與夏侯玄幷坐, 時人謂'蒹葭倚玉樹')"에서 나왔다.

21) 柏臺(백대): 백량대(柏梁臺)의 약칭. 여기에서는 맹연백의 어머니가 살던 집을 가리킨다.

分光, 奉去紫蘭, 香其鬙鬙彌結. 萊釜生魚23), 每惠郇廚24)之
玉饌, 素書25)傳鳥, 式遵孟壺之芳規. 悵對面之途窮, 念此興
言, 黯然魂斷. 故人尊酒, 悵惘于臨水登山, 野外鴻歸, 極望
于灞陵南浦26). 握梳月27)于退荒, 愁聽晚桐吟吹, 追軿車28)
于沙漠, 復嗟沙鴈嗶天. 分手須臾, 送君萬里, 不能覓言笑于
尊前. 末願寄心, 期于別後, 索落離懷, 不勝歧路之感. 粗成
短句, 聊中彤管29)之思.

朱堯心30)曰: 皎如秋月, 淒如夜琴, 自非凡心所曉.

---

22) 芝蘭(지란): 지초와 난초로 모두 향초(香草) 이름이다. 옛날에는 군자의 덕
    행이 뛰어남이나 우정의 아름다움을 표현했다.

23) 萊釜生魚(내부생어): 어부진증(魚釜塵甑). 물고기가 담긴 솥과 먼지 쌓인
    시루로 밥 지어먹을 양식도 없을 정도로 가난함을 말한다. 『후한서(後漢
    書)·독행전(獨行傳)·범염(范冉)』에 따르면 범염이 관직에서 물러나 초
    가집을 짓고 빈궁하게 살았는데, 당시 마을사람들이 그를 두고 "시루에는
    먼지 생기는 범사운(范史雲), 솥에 물고기 있는 범내무(范萊蕪)(甑中生塵
    范史雲, 釜中生魚范萊蕪)"라는 노래를 불렀다고 한다. 범염은 자가 사운
    (史雲)이고 환제(桓帝) 때 내무현령(萊蕪縣令)을 맡은 적이 있다.

24) 郇廚(순주): 맛있는 음식이 차려진 집. 당대(唐代) 위척(韋陟)은 순국공(郇
    國公)에 봉해졌는데, 성격이 활발하고 맛있는 음식을 매우 좋아해 그의 집
    주방에는 진수성찬이 항상 가득했다는 말에서 유래한다.

25) 素書(소서): 편지.

26) 灞陵南浦(파릉남포): 파릉은 지금의 서안시(西安市) 동쪽 교외에 위치하며
    파하(灞河)라는 강이 흘러서 파릉이라는 이름을 얻게 됐다. 여기에서 송별
    을 많이 했기 때문에 당대 시가 작품 속에서는 송별의 장소로 유명하다. 남
    포는 지금의 중경시(重慶市) 만주구(萬州區)에 있으며, 파릉과 마찬가지로
    중국 고대 시가 속에서 송별의 장소로 많이 쓰인다.

27) 梳月(소월): 달. 예쁘게 단장한 여성.

28) 軿車(병거): 휘장이 있는 수레.

29) 彤管(동관): 옛날에 중국 여성들이 일을 기록할 때 사용하던 몸통이 붉은
    붓. 여기에서는 서원 자신이 쓴 글을 말한다.

30) 朱堯心(주요심): 생애 미상.

초^楚로 돌아가는 맹연백^{孟年伯}의 어머니를 전송하며 쓴 시에 대한 서

늦가을 비바람에 강가 다리 옆의 버들잎이 떨어지고, 이슬 내린 중양절에 산 밑 산수유는 시들었습니다. 당신은 홀연 은하수 뗏목을 타고 천상으로 돌아가시지만 이미 인간세상에서는 현탑(懸榻)이셨습니다. 저는 재주가 가죽나무처럼 쓸모없고 겁도 많은 여성이지만 다행히 천리마 꼬리에 붙은 파리가 될 수 있었고 기쁘게도 옥수(玉樹) 옆에 기댄 갈대가 될 수 있었습니다. 2년 동안 서로 의지하면서 매번 백량대(柏梁臺)를 바라보며 주옥같은 말씀을 들었는데, 하루아침에 슬픈 이별을 하게 되니 이미 구름 휘장 안에서 언뜻 보이던 아리따운 얼굴 때문에 가슴이 무너집니다.

군자의 우의를 나누고자 하여도, 지(芝)와 난(蘭)이 만나기는 어렵습니다. 보내주신 비취(翡翠)로 곱게 빗질하니 거친 머리카락에도 빛이 흐르는 듯하고 받들어 보낸 자란(紫蘭)은 그 향기가 당신의 머리카락에 스미겠지요. 물고기가 노닐 만큼 텅 빈 솥이지만 매번 순주(郇廚)의 맛좋은 음식을 대접받았고, 그대가 전서구(傳書鳩)를 통해 전해준 서신으로 맹씨(孟氏) 집안의 아름다운 규범을 좇을 수 있었습니다. 마주할 날 다한 것을 슬퍼하며 이 생각을 글로 읊으니 눈앞이 깜깜하여 혼이 나가는 것 같습니다. 친구들은 술잔 들고서 물가로 나가고 산에 올라 슬퍼하면서, 저 들판에 돌아온 기러기에 파릉(灞陵)과 남포(南浦)를 아득히 바라봅니다. 저 먼 곳에 있는 흰 달을 잡으려 해보지만 근심스럽게 늦은 저녁 오동나무가 바람에 스치는 소리만 들리고, 수레를 타고 사막으로 쫓아가려 하지만 다시 사막의 기러기가 하늘에 우짖는 소리에 한숨짓습니다. 잠깐의 이별로 당신을 이역만리로 보내고 나면 술잔 앞에서 웃고 떠들던 일은 다시는 찾아볼 수 없겠지요. 끝으로 마음을 담아 이별 후를 기약하니 쓸쓸한 이별의 회포에 갈림길의 감정 가눌 길 없습니다. 거칠게 나마 짧은 시를 지어 그저 저희들의 그리움을 엮어봅니다.

주요심(朱堯心)이 평한다. "가을 달처럼 밝으면서도 밤에 들리는 거문고 소리처럼 처량하여 본디 세속의 사람들이 알 수 있는 바가 아니구나."

[해 제]

서원이 맹연백(孟年伯)의 어머니를 송별한 시에 쓴 서문으로 예전에 그로부터 받은 사랑을 회상하며 서로 헤어져야 하는 슬픔을 표현한 작품이다. 맹연백의 어머니와 친하게 지내던 사람들이 함께 모여 시를 쓰고 그중에 서원이 대표로 그 시를 모아 서문을 지었다. 남편들이 관직이나 다른 여러 이유로 함께 하지 못하는 상황에서 여성들 간의 감정의 교류가 매우 깊었음을 알 수 있다. 주요심은 이 글에 대해 "가을 달처럼 밝으면서도 밤에 들리는 거문고 소리처럼 처량하다(皎如秋月, 凄如衣琴)"고 평하였는데 정겨움과 슬픔의 감정이 서로 교차하여 더욱 애잔한 느낌을 자아낸다.

錄詞寄從弟夫人

適以客邸無聊, 春草生夢, 風霜驚骨. 追昔感今, 不勝惆悵. 歎枯蟬之殞柔, 感朝陽之晞露, 援筆率成數語. 緣賤恙[31]不任手書, 謹命代錄, 呈賢夫人斧削.

사詞를 적어 사촌 올케에게 부치다

마침 객사에서 무료하던 차에 봄풀은 꿈을 꾸게 하고 바람과 서리는 뼈까지 놀라게 합니다. 옛날을 추억하고 지금을 아파하자니, 처량하고도 슬픈 마음 가눌 길이 없습니다. 매미 허물이 뽕나무를 상하게 함을 탄식하고 아침 해가 이슬을 말리는 것을 슬퍼하여 붓을 잡고 대략 몇 마디 말을 지었습니다. 나의 병 때문에 손수 글을 쓸 수가 없어 대신 적으라 명하고, 이를 현명한 부인께 보내니 고쳐 주십시오.

【 해 제 】

서원이 객지 생활의 무료함과 적적함 속에서 지은 사(詞)를 사촌 올케에게 보여주며 쓴 서간문이다. 내용은 서원이 자신이 쓴 사의 수정을 부탁하고 있는 것이 주를 이루고 있지만 단순히 글 수정만을 위해 쓴 글은 아니다. 글을 써서 보여주고 서로 수정해주며 토론하는 문학적 교류는 여성문인들 사이에서 우애를 더욱 다질 수 있는 계기 중 하나였다. 서원의 서간문에는 이렇듯 문장 수정을 부탁하는 글이 자주 보이는데 당시 서원에게 문학적으로 교류하였던 지기가 상당히 다양하게 있었음을 알 수 있다.

---

31) 賤恙(천양): 자신의 병을 겸손하게 칭하는 말.

양맹소 ∥ 梁孟昭

柬弟婦

　燭淚流殘淸夜, 燈花落盡寒光. 咄咄魂消, 憊憊病骨. 坐來困頓, 伏枕神驚, 正昔人所謂如有隱憂[1]者也. 按几索書, 徒窮目力, 安能心到[2]耶! 蟲語撩亂, 風聲颯然, 見月光滿地, 松影如荇藻[3]交橫恍恍之間, 若得前身境界[4], 忽覺詩思悠然, 漫成數句, 時漏下已四鼓[5]矣. 晨起命筆, 竟不得一語, 豈祇健忘? 眞堪絶倒也. 因憶淸吟, 雜夢寐得句, 旋已忘斯言之紗所. 分險韻, 僅成三首, 乃聊且塞白[6]耳, 惟郢政[7]之.

출처 : 『역대명원문원간편(歷代名媛文苑簡編)』

----

1) 隱憂(은우): 남모르는 숨은 근심. 『시경(詩經)・패풍(邶風)・백주(柏舟)』에 "초조하여 잠 못 드니 남모르는 근심 있는 것 같네(耿耿不寐, 如有隱憂)"라는 구절이 있다.

2) 心到(심도): 마음이 글 읽는 데만 열중하고 다른 것을 생각하지 않는 것을 가리킨다. 독서의 삼도(三到)에는 눈으로 잘 봐야 하는 안도(眼到), 입으로 잘 읽어야 하는 구도(口到), 마음으로 잘 이해해야 하는 심도(心到)가 있다.

3) 荇藻(행조): 노랑어리 연꽃.

4) 前身境界(전신경계): 옛 기억이 떠오르는 것 같은 경계를 뜻한다. 전신(前身)은 전생을 가리킨다.

5) 四鼓(사고): 사경(四更). 새벽 1시에서 3시 사이.

6) 塞白(색백): 문장을 대충 마무리하다.

7) 郢政(영정): 시문의 첨삭을 남에게 부탁하다. 영정(郢正)이라고도 쓴다.

올케에게 보내는 편지

똑똑 떨어지는 촛농에 맑은 밤이 끝나가고 타오르는 불꽃에 차가운 빛 다 사라졌네. 아아! 사라져버릴 듯한 내 영혼, 시름시름 병약한 이 몸. 앉자니 힘겹고 베개에 엎드리자니 혼이 놀라 깨어나니 옛사람이 말한 '숨은 근심 있는 자'일런가! 책상에 기대어 책을 찾아 하릴없이 시력만 소진해보지만 책에 어찌 마음이 가겠는가? 벌레 소리 어지럽고 바람 쏴쏴 불어올 제, 온 땅엔 달빛 가득하고 소나무 그림자는 마름처럼 서로 얽혀 있는데, 홀연 전생으로 돌아간 것만 같아 시상이 퍼뜩 떠오르기에 되는대로 몇 구를 지어보았네. 때는 이미 사경(四更)이 되었지. 하지만 새벽에 일어나 붓을 들면 끝내 한 마디도 쓰지 못하니 이 어찌 건망증 정도이겠는가? 참으로 절도(絶倒)할 노릇이지. 청아한 구절을 기억해내고 꿈결에 지은 구절을 섞어보았지만 이내 그 구절이 지니고 있던 오묘한 맛은 잊어버리고 말았네. 험운(險韻)을 나누어 겨우 세 수를 지었으나 그저 대충 마무리한 것이라 고쳐주었으면 하고 보내는 것이네.

【 해 제 】

양맹소가 가을날 밤 잠 못 들며 이리저리 시상을 떠올려서 시를 쓰고는 올케에게 보내주며 쓴 서간문이다. 사경(四更)이 되도록 잠들지 않고 시를 쓰는 작자의 모습에서 창작에 대한 무한한 열정을 엿볼 수 있다. 형식은 서간문이지만 아름다운 변려체의 문장으로 되어있어 마치 한 편의 시를 읽는 것 같은 느낌을 준다. 섬세하면서 화려한 양맹소의 창작 풍격을 잘 보여주는 글이다.

與王夫人求畵

秋色滿林; 紫翠萬狀. 寒潭映影, 蘆雁8)飛鳴, 好一幅黃大
癡9)倪雲林10)着色山水也. 苔箋11)二幅, 湘箑12)二握, 敢求妙
染13), 用佐淸娛. 敬當以琉璃作床, 翠翡爲匣, 襲什而藏之,
爲家珍稱首.

출처 : 『역대명원문원간편(歷代名媛文苑簡編)』

왕부인王夫人에게 그림을 부탁하며

숲 가득 가을빛이요, 삼라만상이 울긋불긋합니다. 차가운 못에
그림자 비치고 갈대밭 위로 기러기 울며 날아가니 참으로 황대치(黃
大癡)나 예운림(倪雲林)이 그린 한 폭의 착색 산수화와 같습니다.
태지(苔紙) 두 폭과 상죽(湘竹)으로 만든 부채 두 자루를 보내며
감히 그림을 그려주시길 부탁드리니 이로써 청아한 즐거움으로 삼
을까 합니다. 삼가 마땅히 유리로 선반을 만들고 비취로 상자를 만

---

8) 蘆雁(노안): 갈대밭의 기러기라는 뜻으로 동양의 산수화에서 자주 다루어
   졌던 소재이다.

9) 黃大癡(황대치): 원대(元代) 화가 황공망(黃公望)을 가리킨다. 자는 자구
   (子久), 호는 대치도인(大癡道人) 또는 정서노인(井西老人)이다. 중국 산
   수화에 미친 영향이 매우 크며 오진(吳鎭), 예찬(倪瓚), 왕몽(王蒙) 등과
   함께 원사가(元四家)로 칭해진다.

10) 倪雲林(예운림): 원대 화가 예찬(倪瓚)의 별호이다. 자는 원진(元鎭)으로
    남종(南宗) 산수화를 대표하는 화가이다. 수묵화가 특히 뛰어나다.

11) 苔箋(태전): 태지(苔紙), 즉 이끼를 섞어 만든 종이로 된 편지지.

12) 湘箑(상삽): 상죽(湘竹)으로 만든 부채.

13) 妙染(묘염): 정교하고 아름다운 그림.

들어, 보내주신 작품들을 고이 받아 잘 간직하여 집안의 으뜸가는
가보로 삼겠습니다.

【　해　　제　】

∙∙∙∙∙∙∙∙∙∙∙∙∙∙∙∙∙∙∙∙∙∙∙∙∙∙∙∙

　가을색이 깊어진 어느 날 아름다운 풍경을 보며 이를 그림으로 담고
싶었던 작가가 왕부인에게 그림을 그려달라고 부탁하며 쓴 서간문이다.
서두에서 가을의 정취에 대한 묘사는 마치 한 폭의 산수화를 보는 듯한
느낌을 준다. 아울러 왕부인에게 그림을 부탁하면서 "유리로 선반을 만들
고 비취로 상자를 만들어, 보내주신 작품들을 고이 받아 잘 간직하여 집안
의 으뜸가는 가보로 삼겠습니다(以琉璃作床, 翠翡爲匣, 襲什而藏之, 爲家
珍稱首)"라고 한 표현에서 양맹소의 재치와 섬세함을 한껏 느낄 수 있다.

양맹소의 「방동산수(仿董山水)」

예운림의 「송석한간도(松石寒澗圖)」

又寄弟

　　昨使旋知吾弟觀風[14]獲首, 良爲快然. 然此亦小捷[15], 且才分應耳, 不足多慰. 惟益努力乘長風搏扶搖[16]而上之, 所深願也. 承示「深春韻」二十首, 兼感遇十二首, 讀至"白首慈親常對泣, 廿年孤子復無家"之句, 淚浪浪盈襟袖矣.

　　何物讒人, 搆此鞠凶[17]! 但三叔亦誠忍人, 四月遺孤, 所望卵翼[18]成造之, 乃扼其吭而甘心之耶! 毀巢破卵, 無惑乎弟之危言[19]矣. 雖然無徒自苦, 人患不自堅, 數椽安足爭, 且又安知此數椽者, 果可長據乎! 得馬失馬[20], 願吾弟靜俟之, 且一以自厲, 一以自寬也. 老母無恙耶? 擧家無恙耶? 仲姊諸甥無恙耶? 願言自珍, 勿以此爲介介[21].

　　　　　　　　　출처: 『역대명원문원간편(歷代名媛文苑簡編)』

---

14) 觀風(관풍): 사태를 살피다. 민정을 관찰하여 득실을 잘 파악하다.

15) 捷(첩): 승리. 전리품. 여기서는 일의 성과로 해석하였다.

16) 扶搖(부요): 회오리바람.

17) 鞠凶(국흉): 커다란 재앙. 『시경(詩經)·소아(小雅)·절피남산(節彼南山)』에 "하늘의 명은 일정치 않아 이토록 궁한 재난을 내리셨네(昊天不佣, 降此鞠詢)"라는 구절이 있다.

18) 卵翼(난익): 품어 키우다. 두둔하다.

19) 危言(위언): 정직하고 기탄없는 말.

20) 得馬失馬(득마실마): 『회남자(淮南子)·인간훈(人間訓)』의 새옹지마(塞翁之馬)에서 나온 말로 인간의 이해득실(利害得失)이 무상하여 예측할 수 없음을 뜻한다.

21) 介介(개개): 근심하고 걱정하는 모습.

또 동생에게 보내며

얼마 전 동생이 민정을 시찰하는 데 으뜸을 차지하였다는 것을 곧바로 알게 되어 진실로 마음이 유쾌하였네. 그러나 이 역시 작은 성과이고 또 동생의 재주로는 당연한 결과일 뿐이니 크게 위로받을 만한 일은 아니네. 그저 더욱 노력하여 긴 바람을 타고 회오리바람을 따라 위로 올라가는 것이 내가 간절히 원하는 바이네. 나에게 보여준 「심춘운(深春韻)」 20수와 「감우(感遇)」 12수 중 "백발 노모는 늘 마주보며 우시고, 20년 고아에게 더 이상 집이 없네"라는 구절을 읽을 때에는 눈물이 옷섶과 소매를 흥건히 적셨다네.

그 무엇이 사람을 중상하여 이 크나큰 재앙을 불러왔단 말인가! 다만 셋째 숙부 또한 참을성 많으신 분이라 4개월 된 고아를 오로지 잘 품어 키우고자 바라시기에 목구멍을 틀어막고 달게 감수하신 것일세. 둥지가 허물어지고 알이 깨진 일에 동생이 그토록 곧은 언사를 내뱉은 것도 당연하네. 그렇긴 하나 괜히 스스로 괴로워하지 말게. 사람이란 스스로 강건하지 못할까 걱정이지 서까래 몇 칸짜리 집이 어찌 족히 다툴 만한 것이며, 그 서까래 몇 칸짜리 집을 과연 오래 차지할 수 있을지 또 어찌 알겠는가? 세상만사 새옹지마라 했으니 동생은 조용히 기다리면서 스스로 마음을 다잡고 너그럽게 하게. 노모는 별고 없으신지? 온 집안 식구들은 별고 없으신지? 둘째 언니와 여러 조카들도 별고 없는가? 자중자애하고 이 일 때문에 근심하지 말게나.

· ·　　　【　해　　제　】

양맹소가 동생과 여러 번 편지를 주고받은 후 다시 보내는 서간문으로 짐작되나 전후 상황을 알 수 있는 자료가 전해지지 않는다. 전반부는 동생이 관직 일을 잘 해낸 것과 동생이 써서 보내준 시에 대해 칭찬하는 내용이고, 후반부는 셋째 숙부와 동생 사이에 문제가 생겼는데 동생이 나서서 말을 하였다가 오해를 사서 의기소침해 있는 상황을 위로해주는 내용이다. "서까래 몇 칸짜리 집이 어찌 족히 다툴 만한 것이며 그 서까래 몇 칸짜리 집을 과연 오래 차지할 수 있을지 또 어찌 알겠는가?(數椽安足爭, 且又安知此數椽者, 果可長據乎!)" 등의 문장을 통해 보건대 집안에서 재산 문제로 다툼이 일어난 것으로 짐작된다. 누나로서 동생을 아끼고 배려하는 따뜻한 마음이 잘 드러났다.

왕단숙 ‖ 王端淑

與夫子1)論槎雲2)遺稿書

　槎雲律體諸作, 高老莊, 重不加雕琢, 眞大雅之餘音, 四始3)之正格也. 五七言絶句, 明逸娟秀. 音韻鏗然4), 引而愈長, 令人可歌可誦, 洵乎筓5)中獨步矣. 惜其芳齡不永, 蘭玉6)遽摧. 倘天假之年7), 其所造, 豈有竟哉!

출처 : 『명원척독(名媛尺牘)』

장호^{張昊}의 유고^{遺稿}를 논하며 남편에게 보내는 편지

---

1) 夫子(부자): 남편. 완평(宛平) 제생(諸生) 정필성(丁筆聖)을 가리킨다.

2) 槎雲(사운): 장호(張昊)를 가리킨다. 자는 옥금(玉琴), 호는 사운(槎雲)이고 전당(錢塘, 절강성(浙江省) 항주(杭州)) 사람이다. 작품으로 『추정영(趨庭咏)』, 『금루합고(琴樓合稿)』 등이 있다.

3) 四始(사시): 『시경』의 「풍(風)」, 「소아(小雅)」, 「대아(大雅)」, 「송(頌)」을 가리킨다.

4) 鏗然(갱연): 소리가 맑고 세차게 울리는 모습.

5) 筓(계): 성년이 된 여성. 여기서는 여성문인에 대한 은유로 사용되었다.

6) 蘭玉(난옥): 다른 사람의 자제에 대한 미칭(美稱). 훌륭한 부덕(婦德). 여기서는 장호의 뛰어난 덕을 칭송하는 표현으로 사용되었다.

7) 天假之年(천가지년): 하늘이 내려준 수명. 천수(天壽)를 누리는 것을 의미한다.

장호(張昊)의 율시 작품들은 노장(老莊)사상을 높이 사고 수식하지 않는 것을 중시하였으니 진실로 「대아(大雅)」의 여음(餘音)이요, 사시(四始)의 정격(正格)입니다. 오언절구와 칠언절구는 맑고 빼어나며 수려합니다. 음운(音韻)이 맑아 길게 읊조릴수록 더욱 유장하니 실로 노래할 만하고 읊을 만하지라 진실로 여성문인들 중에서 독보적입니다. 안타깝게도 꽃다운 시절 오래가지 못하고 난옥(蘭玉) 같은 모습 갑자기 꺾여버렸습니다. 만약 장호가 천수를 누렸다면 그가 이루는 바에 끝이 있었겠습니까?

[해 제]

왕단숙이 장호(張昊)의 작품과 인품에 대해 논하면서 남편 정필성(丁筆聖)에게 보낸 서간문이다. 형식은 편지글이지만 장호의 작품에 대한 평론에 가깝다. 남편과 편지를 주고받으며 다른 여성문인들의 작품을 토론하는 서간문은 매우 보기 드문 것으로 이 글을 통해 정필성이 왕단숙의 창작 활동에 많은 도움을 주었고, 왕단숙 역시 익우(益友)로서 남편과 화목하게 지냈음을 짐작할 수 있다.

왕단숙은 아버지 왕사임(王思任)으로부터 영향을 받아 시 창작에서 '성령설(性靈說)'을 강조하였다. 자연스러운 시풍을 추구하였기에 왕단숙은 조탁과 수식을 가하지 않은 장호의 작품을 『시경』에 필적할 만하다고 평가하였다. 섬세하고 유려한 시풍을 지양하고, 무위자연의 기법으로 「대아(大雅)」의 풍모를 간직하였으며, 읊조릴수록 깊은 여운을 지니고 있는 점 등을 들어 장호의 작품을 높게 칭송하였는데 짧은 글이지만 시 창작에 대한 왕단숙의 관점이 매우 선명하게 드러났다.

정여영 ‖ 鄭如英

答期蓮生[1]辯慣字書

對談不覺, 一別增思. 適接來翰, 知爲一慣字惱心, 令人亦增歡重. 可取亦取, 然慣字有意. 弟[2]取君之才之情, 天下無雙. 弟愛君者, 非獨詩, 但一開言, 令人魂飛天外[3]. 豈忍見妙才付之流俗? 故出此一毒字, 欲君後改, 勿自輕才. 乃弟之實意, 非有他也. 願自珍重.

출처: 『**역대명원문원간편**(歷代名媛文苑簡編)』

'관慣'자에 대해 논하며 기연생期蓮生에게 주는 답장

마주하고 이야기할 땐 몰랐다가 헤어지고 나니 그리움이 더합니다. 마침 보내주신 편지를 받고 그대가 '관'자 때문에 고심하고 있음을 알고선 이에 기쁨이 배가 되었습니다. 제 의견이 받아들이실 만하면 받아들이시되, '관'자에 대해서만은 제게 생각이 있습니다. 그

---

1) 期蓮生(기연생): 생애 미상.
2) 弟(제): 정여영. 명말 청초에는 기녀들이 선비들과 교류할 때 자신을 남동생의 의미인 제(弟)로 호칭했다.
3) 魂飛天外(혼비천외): 혼비백산(魂飛魄散).

대의 재주와 정감은 천하에 둘도 없기에 저는 그대를 받아들였습니다. 제가 그대를 사랑하는 것은 비단 시문뿐만이 아니지만, 그대가 시구를 읊기만 하면 저는 혼이 저 하늘 바깥으로 날아가 버리곤 합니다. 그러니 그런 비범한 재주를 유속(流俗)에 부쳐버리는 것을 어찌 차마 보겠습니까? 그래서 이 '독(毒)'자를 내놓아 그대가 이후에 고쳤으면 한 것이니 재주를 가볍게 여기지는 마십시오. 이것이 저의 진짜 마음이지 다른 뜻은 없습니다. 스스로 몸조심하시길 바랍니다.

·····························   【 해   제 】

기녀 정여영(鄭如英)이 사랑하는 연인 기연생(期蓮生)에게 보낸 서간문이다. 기연생의 서간문은 현재 전해지지 않아 전후 상황을 파악하기 힘들지만 기연생이 문장을 지을 때 습관적이고 익숙한 글자를 쓰는 것에 대해 고심하며 정여영에게 편지를 보낸 것으로 추정된다. 이 글에서 말한 '관(慣)'과 '독(毒)'은 서로 상반되는 말이다. 시를 지으면서 어떤 장면이나 심경을 묘사할 때, 습관적으로 늘 사용하는 글자를 사용하다보면 그 시는 천(淺)해지고 속(俗)해지며 심지어 숙(熟)해진다. 즉 너무 쉽고 속되고 익숙한 것이 되어버려서 고상한 맛이나 시인의 기골(氣骨)이 사라진다는 것이다.

이에 반해 독(毒)이란 생(生)하고 삽(澁)한 글자이다. 무리수를 두어서라도 남들이 잘 사용하지 않는 글자를 사용하면 시의 풍모가 껄끄럽고 생경하기는 하지만 신선하고 독특한 맛을 살릴 수 있다. 그래서 정여영은 기연생에게 늘 쓰는 습관적인 글자를 쓰느니 차라리 특이한 독(毒)자나 벽(僻)자를 사용하라고 충고한 것이다.

남성 문인의 시문 창작에 대해 여성문인이 직접적으로 견해를 제시한 글은 명대 여성문학에서 찾아보기 힘든 사례로 이를 통해 해어화(解語花)로서 정여영의 재주가 매우 뛰어났음을 알 수 있다.

紉蘭覺詩集序

昔年從宦京都時, 所歷成均[1]祝鳩[2]皆閒曹[3], 退食自公[4], 過從[5]靡間. 而余輩中饋[6]多燕[7], 亦得與年姒[8]修女[9]兄弟之好. 歲時伏臘[10], 以粔籹[11]花勝[12]相問詒. 惟張夫人[13]齒最

---

[1] 成均(성균): 관에서 설립한 최고의 학부(學府).

[2] 祝鳩(축구): 원래는 산비둘기를 뜻하나 여기서는 사도(司徒) 벼슬을 가리킨다.

[3] 閒曹(한조): 직무가 중요하지 않은 한가한 관직.

[4] 退食自公(퇴식자공): 퇴청하여 집으로 돌아와 식사를 하다. 『시경(詩經)·소남(召南)·고양(羔羊)』에 "당당하고 유유하게 퇴청하여 식사를 하네(委蛇委蛇, 退食自公)"라는 구절이 있다.

[5] 過從(과종): 왕래하다. 교제하다.

[6] 中饋(중궤): 음식 하는 등의 집에서 하는 여러 가지 일을 말한다.

[7] 燕(연): 연(宴)과 같은 뜻이다.

[8] 年姒(연사): 언니. 여성들 사이에서 연장자를 지칭하는 말로 여기서는 옹위추(翁爲樞)의 처 오혜경(吳慧鏡)을 가리킨다. 방맹식(方孟式)과 정씨 세 사람 중에서 가장 연장자였기에 이렇게 칭하였다.

[9] 修女(수녀): 원래는 덕을 쌓고 덕행을 베푸는 여성이라는 뜻으로 여기서는 방맹식(方孟式)을 가리킨다.

[10] 歲時伏臘(세시복랍): 설과 삼복(三伏), 납향(臘享).

[11] 粔籹(거여): 밀가루나 쌀가루를 꿀이나 조청에 개어서 네모꼴로 가늘게 썬 다음 기름에 지져서 만든 떡.

[12] 花勝(화승): 비단을 잘라서 만든 조화(造花)로 여성의 머리 장식이다. 채승(綵勝)이라고도 하며 화승(華勝)이라고도 한다.

少, 德又最茂, 毓自高門, 甫結褵14)而卽鼎貴15). 乃樸素儉勤, 持家政, 課女紅16)不少怠. 惠洽小星17), 祥鍾大國, 匪直女士, 展也婦師. 又以其暇修觚翰18)之業, 長安籍籍, 有徐淑19)管夫人20)聲.

以余佞佛21), 特繪二大士見贈, 妙得慈悲三昧. 幷頭佳咏,

---

13) 張夫人(장부인):『인란각시집(紉蘭覺詩集)』을 쓴 방맹식(方孟式)을 가리킨다. 자는 여휘(如輝), 동성(桐城), 안휘성(安徽省) 중부에 있는 현) 사람으로 대리시경(大理寺卿) 방대진(方大鎭)의 장녀이고 방백(方伯) 장병문(張秉文)의 처이다. 작품으로『인란각시집』외에『인란각집(紉蘭覺集)』8권이 전해진다.

14) 結褵(결리): 원래는 수건을 묶는다는 뜻으로 결혼을 의미한다.『후한서(後漢書)·마원전(馬援傳)』에 의하면, 옛날 여성이 결혼하기 전에 친정어머니가 딸의 허리에 수건을 묶어주는 의례를 함으로써 남편과 시댁에 대한 충성과 절개를 맹세하였다고 한다.

15) 鼎貴(정귀): 존귀하다. 훌륭하다.

16) 女紅(여홍): 여성들이 하는 집안일, 베 짜기, 자수 등을 가리킨다. 여공(女工), 여공(女功)이라고도 한다.

17) 小星(소성): 첩에 대한 은유.『시경(詩經)·소남(召南)·소성(小星)』의 「서(序)」 중 “「소성」은 은혜가 아래까지 미친 것을 노래한 것이다. 부인은 투기하는 행위 없이 은혜가 천첩에게 이르게 한다(小星, 惠及下也. 夫人無妬忌之行, 惠及賤妾)”에서 나왔다.

18) 觚翰(고한): 목판과 붓. 문사를 뜻한다. 명대 장거정(張居正)의『보모기(寶謨記)』에 “국정이 한가할 때 홀로 문장을 쓰면서 스스로 유유자적하게 즐긴다(國政有暇, 獨以觚翰自適)”라는 문장이 있다.

19) 徐淑(서숙): 동한(東漢)의 여성시인으로 진가(秦嘉)의 처이다. 농서(隴西, 감숙성(甘肅省) 동남쪽에 위치한 현) 사람으로 「답진가시(答秦嘉詩)」 등의 작품이 전해진다.

20) 管夫人(관부인): 원대(元代) 서화가(書畵家) 조맹부(趙孟頫)의 처 관도승(管道昇)이다. 자는 중희(仲姬)로 서예와 그림에 뛰어났으며 산수화와 불상 그림으로 명성이 높았는데 사람들이 관부인(管夫人)이라고 불렀다.

21) 佞佛(영불): 원래 부처에게 알랑거린다는 뜻이나 불교를 믿는 것을 의미한다.『진서(晉書)·하충전(何充傳)』에 “치음(郗愔)과 치담(郗曇)은 도교를 믿고 하충(何充)과 하준(何準)은 불교를 믿는다(二郗諂於道, 二何佞於佛)”라는 문장이 있다.

余至今嚴供而珍襲之. 猥自還里, 雲泥22)阻修23), 迴念古懽,
俱屬夢境. 比聞魚軒24)至閩, 喜溢大宅, 而一水盈盈, 依然隔
千里而供明月. 翁年姒忽以『紉蘭初集』相寄, 馥歛萜若, 淸奪
琳珪25), 眞若攬淸輝於鶴背, 挹高霞於雲端也.

　余性鈍椎, 於此義向無所解. 第先大人以詩起家, 幼受公
宮26)之誨. 二南27)所稱, 貴而能勤, 仁以逮下, 如「葛覃」28)·
「樛木」29)諸什, 夫人皆身有之. 天授旣奇, 壼範30)復淑. 鳴和
奏雅, 宜其可絃可歌.「江漢」31)·「汝墳」32), 化孚俗美, 今且

---

22) 雲泥(운니): 구름과 진흙. 서로가 현격하게 차이가 난다는 것을 의미한다.
　구름은 타인, 진흙은 자신을 가리키는데 스스로를 낮추는 표현이다.

23) 阻修(조수): 길이 험하고 멀다.

24) 魚軒(어헌): 옛날 귀족 부인들이 탔던 수레를 가리키는데 귀족 부인을 지칭
　하기도 한다. 물고기 비늘로 장식하였기에 붙여진 명칭이다.

25) 馥歛萜若, 淸奪琳珪(복헐거약, 청탈임규): 문장의 향기는 향초의 향기를
　멎게 하고 문장의 맑음은 옥의 맑음을 잃게 한다. 거약(萜若)은 향초, 임규
　(琳珪)는 아름다운 옥을 가리킨다. 남조(南朝) 송(宋)나라 안연지(顔延之)
　의 「화사감영운(和謝監靈運)」에 "문장의 향기는 향초의 향기를 멎게 하고
　문장의 맑고 드높음은 옥의 맑고 드높음을 잃게 하네(芬馥歛蘭若, 淸越奪
　琳珪)"라는 구절이 있다.

26) 公宮(공궁): 관청.

27) 二南(이남): 『시경』의 「주남(周南)」과 「소남(召南)」.

28) 葛覃(갈담): 『시경·주남』의 시. 「서(序)」에 "「갈담」은 후비의 근본을 노
　래한 것이다. 후비는 시집에서는 여성이 할 집안일에 뜻을 두고 검소하고
　절약하여 깨끗이 빤 옷을 입고 그의 스승을 공경하며 친정으로 돌아가서는
　부모님을 편안하게 하여 천하를 부인의 덕으로 교화하는 것이다(葛覃, 后
　妃之本也. 后妃在父母家, 則志在於女功之事, 躬儉節用, 服澣濯之衣,
　尊敬師傅, 則可以歸安父母, 化天下以婦道也)"라는 문장이 있다.

29) 樛木(규목): 『시경·주남』의 시. 「서」에 "「규목」은 후비의 인(仁)이 아래
　로 미친 것을 노래한 것이다. 인(仁)이 아래까지 이르러 여러 첩들을 질투
　하지 않은 마음을 가진 것을 말한다(樛木, 后妃逮下也, 言能逮下而無嫉
　妬之心焉)"라는 문장이 있다.

30) 壼範(곤범): 여성으로서 지녀야할 덕목. 곤(壼)은 문지방의 안을 뜻한다.

洋洋被於吾閭. 此豈從來閨秀詩集所可雁行! 余不知詩, 何敢
譚詩, 偶因披誦, 有感疇曩, 爰綴數語於末, 以識一時同籍內
譜33)之誼云.

출처: 『역대부녀저작고(歴代婦女著作考)』

『인란각시집^{紉蘭覺詩集}』 서

　예전에 남편의 벼슬을 따라 도성에서 지낼 때, 남편이 지녔던
성균(成均)이나 축구(祝鳩) 등은 모두 한직(閑職)이었는데 퇴청하여
식사를 마치고 나면 [나는 오혜경(吳慧鏡), 방맹식(方孟式)과] 격의
없이 왕래하였다. 우리들이 하는 부엌일 중에는 잔치 준비가 많았는
데 덕분에 오혜경, 방맹식과 형제처럼 잘 지낼 수 있었다. 설과 삼복
(三伏), 납향(臘享)이면 떡과 오색 비단 머리장식을 서로 선물하였
다. 장부인(張夫人, 방맹식)이 나이는 가장 어렸으나 덕성이 가장
뛰어났는데 훌륭한 가문에서 자라서 막 결혼하고는 바로 귀한 지위
에 오르게 되었다. 성품은 소박하고 근검하였으며 집안일을 주관하
면서 바느질을 조금도 게을리 하지 않았다. 은혜가 첩들에게 두루
미치고 상서로움이 큰 나라에 모였으니 선비 같은 여성이었을 뿐
아니라 참으로 부인들의 스승이기도 하였다. 또 한가할 때면 문장

---

31) 江漢(강한): 『시경·대아(大雅)』의 시. 「서」에 "「강한」은 윤길보(尹吉甫)
　　가 선왕(宣王)을 칭송한 것이다. 흥망성쇠를 능히 잘 다스릴 수 있었으며
　　소공(召公)에게 명하여 회수(淮水) 남쪽을 평정하였다(江漢, 尹吉甫美宣
　　王也. 能興衰撥亂, 命召公平淮夷)"라는 문장이 있다.

32) 汝墳(여분): 『시경·주남』의 시. 「서」에 "「여분」은 덕행이 감화(感化)되는
　　것을 노래한 것이다. 문왕(文王)의 교화가 여수(汝水) 가의 나라까지 미쳤
　　음을 말한다(汝墳, 道化行也. 文王之化行乎汝墳之國)"라는 문장이 있다.

33) 同籍內譜(동적내보): 같은 호적에 있는 사람. 즉 집안사람.

쓰는 일을 갈고 닦아서 장안에는 서숙(徐淑) 혹은 관부인(管夫人)이라는 명성이 자자했었다.

내가 불교를 믿는다고 특별히 두 보살을 그려 나에게 선사하였는데 오묘함은 자비의 삼매(三昧)를 얻은 듯하였다. 아울러 아름다운 시를 그림머리에 적어두었는데 나는 지금까지 그 그림을 엄숙하게 받들며 소중하게 간직하고 있다. 내가 갑작스레 고향으로 돌아온 뒤부터 구름과 진흙처럼 멀어지게 되었으니 옛날의 즐거움을 추억하자면 모두 꿈결 같았다. 근래에 부인이 민(閩) 땅에 오셨다는 말을 듣고 기쁨이 큰 집에 흘러 넘쳤으나 강물이 넘실넘실 가로막고 있어 여전히 천리 밖에서 밝은 달을 함께 바라보았다. 옹씨(翁氏)댁 언니[오혜경]께서 문득 『인란초집(紉蘭初集)』을 부쳐주셨는데 시편의 향기는 향초의 향기를 멎게 하고 시편의 맑음은 옥의 맑음을 빼앗으니 진실로 학의 등에서 맑은 빛을 끌어당기고 구름 끝에서 고아한 노을을 퍼 올리는 것 같았다.

나는 천성적으로 우둔하여 이 시의 뜻에 대해서 원래부터 이해하는 바가 없었다. 다만 선친께서 시로써 가문을 일으키셨고 나는 어려서부터 관청에서 가르침을 받았을 뿐이다. 그런데 『시경』의 「주남(周南)」과 「소남(召南)」에서 일컬은 바, 고귀하면서도 근면할 수 있어 인(仁)이 아래까지 미친다고 하였던 「갈담(葛覃)」이나 「규목(樛木)」 같은 여러 시편의 덕목들은 부인이 모두 일신에 지니고 있었다. 천부적으로 타고난 재주가 뛰어났을 뿐 아니라 여성으로서의 모범 또한 맑았다. 울림은 조화롭고 절주는 우아하여 마땅히 현으로 탈 수도 있었고 노래로도 부를 수 있었다. 「강한(江漢)」이나 「여분(汝墳)」과 같은 덕으로 세속의 아름다움을 교화하고 미쁘게 하였으니 그 덕은 지금 또 우리 민(閩) 땅에 널리 펼쳐지고 있다. 그러니 어찌 지금까지 나온 여성들의 시집이 이와 나란히 할 수 있겠는가? 내가 시를 모르니 어찌 감히 시를 말하랴만 우연히 책을 펴서 읊조리자니 옛날에 대한 감회가 있어 이에 책 말미에 몇 마디 말을 엮음으로써 한 때 집안 식구처럼 지냈던 정의(情誼)를 적어둔다.

.... 【 해 제 】

손창예(孫昌裔)의 처 정씨(鄭氏)가 방맹식의『인란각시집』에 쓴 서문이다.『인란각시집』에는 정씨의 서문 외에도 오응빈(吳應賓), 육몽룡(陸夢龍), 방공소(方孔炤), 오혜경(吳慧鏡), 방유의(方維儀), 장병문(張秉文), 장영(張英) 등이 쓴 서문이 전해진다.『열조시집(列朝詩集)』에 의하면, 방맹식은 재주와 인품이 매우 뛰어났으나 나이 20세가 되도록 남편 장병문(張秉文)과의 사이에 후사가 없어 첩을 두었다고 한다. 방맹식은 심성이 곱고 재주가 뛰어났으며 첩을 시기하지 않고 집안일을 잘 다스렸다고 전해지는데 이러한 상황은 서문에서도 잘 나타났다. 또한 이 글에는 방맹식과 오혜경 사이에 있었던 소소한 일상들이 섬세하게 표현되었는데 이를 통해 당시 여성문인들의 생활과 교류, 우애 등의 정황들을 엿볼 수 있다.

명대 명원(名媛)의 세계

명대에 이르러 여성교육에 대한 인식에 변화가 일어나면서 많은 여성들이 글을 배울 수 있었고, 이는 바로 여성문인 집단이 대거 출현할 수 있는 배경이 되었다. 물론 여성교육은 귀족가문, 특히 강남(江南)의 권문세가를 중심으로 이루어지기는 하였으나, 평민가정의 여성, 기녀 등 다양한 계층의 여성들이 글을 배우면서 문학 창작에 가담하였다. 더욱이 명말청초라는 혼란한 시기를 겪으면서 여성문인들이 처한 상황은 각양각색일 수밖에 없었다. 이러한 점 때문에 명대 여성문학의 스펙트럼은 매우 다양하면서도 모순적으로 드러난다.

한편에서는 규방 안에서 늘 자신을 굽히며 조심스레 살아가는 모습이 그려지기도 하고, 다른 한편에서는 천하를 호령하며 자신의 목소리를 드러내고 싶은 욕망을 드러내기도 한다. 또 한편에서는 시 짓는 것을 스스로 말기(末技)로 치부하며 원고를 불태워버리는 여성이 있고, 다른 한편에서는 동병상련의 심정으로 다른 여성들의 작품을 열심히 수집하는 여성이 있다. 이렇듯 양극단의 모습들이 절묘하게 공존하였던 것이 명대 여성문학의 실체이다. 비록 드러난 모습들은 다양하였지만 그들이 걸어갔던 발자취들을 하나하나 따라가다 보면 누구보다도 문학에 대한 열정이 뜨거웠던 그 삶의 흔적들을 만나게 될 것이다.

1. 규방 안의 연꽃들

고대의 여느 시대와 마찬가지로 명대 역시 여성들에게 가혹한 시대였다. 양명학(陽明學)의 성행과 함께 개성을 추구하고 인성이 해방된 시대로 알려졌지만 그 혜택은 여성에게까지 미치지 못했다. 이는 전족(纏足)이 명대에 이르러 본격적으로 유행하였던 사실에서 짐작할 수 있다. 10센티의 작은 발은 연꽃을 연상시켰으므로 금련(金蓮)이라 하였는데, 작은 발은 곧 여성이 갖추어야할 미덕의 기준이 되었고 작은 발 때문에 활발하게 움직일 수 없는 여성들이 매일 대하는 풍경은 바로 '규방 안'이었다.

그래서인지 여성문인들은 창작 활동을 하면서도 늘 규방 밖을 넘어서지 않으려고 노력하였고, 시 쓰는 일이 단순한 소일거리에 불과하다는 것을 밝히려고 애썼다. 상정백(桑貞白, 1590년 전후 생존)은 작품집 『향렴집(香奩集)』을 내면서 발문에 "규방의 부질없는 정감 같은 것은 거의 적지 않았으나 실로 규방의 문지방을 넘는 글은 아니다(少紀閨中漫致, 實非踰閾之言也.)"라고 밝혔다. 발문의 내용에 의하면, 상정백은 어려서부터 엄한 어머니로부터 교육을 받았고 결혼한 뒤로는 남편 주리정(周履靖, 1590년 전후 생존)의 적극적인 지지를 받으며 지속적인 문학 창작을 해왔다. 이렇듯 비교적 개방적인 분위기에서 창작 활동을 하였지만 상정백은 스스로 규방 안이라는 경계를 넘지 않으려고 하였다.

명대에 이르러 여성문인들이 대거 출현하였고 시사(詩社) 결성과 함께 창작 활동이 활발했다는 것은 분명 여성에 대한 사회적 인식이 개방적으로 변화하는 징후임에 틀림없다. 하지만 그럼에도 여성문인들은 여전히 자신이 글을 쓰는 일에 대해 조심스러운 마음을 금치 못했다. 심정전(沈靜專, 1580년 전후 생존)은 작품집 『적적초(逼逼草)』를 내면서 서문에서 이렇게 말하였다. "우리 같은 여인네들에게는 맛있는 장을 담그는 것이 주된 임무이기에 문장을 쓰는 일은 진실로 규방에서 바라는 바가 아니다.(吾輩旨漿是任, 筆墨之業, 固非望于閨閫.)"

육경자(陸卿子, 1550년 전후 생존) 역시 여성의 임무는 규방 안의 일에 있음을 재차 강조하였다. 「항난정(項蘭貞)의 『재운초(裁雲草)』에 서(序)를 쓰다(題項淑裁雲草序)」에서 "우리 여인네들은 술과 장을 담그고 요리를 하는 데 힘써왔는데 이는 그것이 원래 우리의 직분이기 때문이다(我輩酒漿烹飪是務, 固其職也.)"라고 하였다. 그리고 이어서 다음과 같이 말하였다. "하지만 병이 나거나 재계 중이라 일이 없을 때 옛 여성문인들의 유풍(遺風)을 본받아 시를 짓곤 하였다.(病且戒無所事, 則效往古女流, 遺風賸響而爲詩.)" 즉 여성들에게 글을 짓는 일은 본업이 아니라 몸이 아프거나 집안 일이 한가할 때만 허락받는 소일거리라는 것이다.

한편 고약박(顧若璞, 1592~1681)은 올케인 황홍(黃鴻, 1600년 전후 생존)의 유작시집 『규만음(閨晚吟)』에 서문을 쓰면서 황홍의 인품을 이렇게 칭송하였다. "작품집에는 창화한 작품이 매우 적은데, 이로써 부인이 중시하였던 바는 시로 위안을 삼은 것이었지 재주를 드러내는 것이 아니었음을 족히 알 수 있다.(編中酬和之什絶少, 此足以明其所重在彼不在此也.)" 즉 교육을 받은 여성문인들에게 문학 창작이란 그저 자신의 쓸쓸한 마음을 달래주고 남편을 위로해주는 것에서 그치는 일이었다. 방맹식(方孟式, 1582~1639) 역시 『청분각집(淸芬閣集)』 서문에서 동생인 방유의(方維儀, 1585~1668)에 대해 "몸을 꾸미지 않고 재주를 드러내지 않은 그 뜻이 진실로 심원하구나(墮體黜聰之意, 固已遠矣.)"라고 칭송하였다. 끊임없이 자신의 몸을 낮추며 물러나는 것이 여성의 인품과 덕성을 가늠하는 데 중요한 기준이었던 것이다.

명대에 여성이 자신의 목소리를 내고 적극적으로 나서서 말을 하는 것은 분명 매우 힘든 일이었다. 고약박이 『규만음』 서문에서 내던진 이 한 마디는 오늘날을 살아가는 우리의 가슴에도 파고든다. "한 구절이라도 내뱉기만 하면 사람들은 너나없이 꾸짖고 헐뜯었다.(一語之發, 人咸刺譏.)" 그들에게 연꽃을 닮은 발은 너무도 힘겨웠고 규방 문지방의 턱은 여전히 높았다.

2. 화장기를 지우다

명대 양명학이 문학에 인간의 진술한 감정이 드러나야 한다고 주창하였던 일대 바람은 규방 안까지 스며들었다. 명대 여성문인들은 여성 특유의 섬세함과 부드러움으로 글을 썼지만 애써 화려하고 요염한 풍격을 추구하지 않았다. 그보다는 오히려 담백하고 수수하면서 우아한 풍격을 선호하는 분위기가 두드러졌다.

이를 단적으로 보여주는 작품집은 상정백의 『향렴집』이다. 향렴(香奩)은 향을 담는 상자를 가리키는 말로 일찍이 당대(唐代) 한악(韓偓, 844~?)이 『향렴집』을 쓴 이후로 향렴체(香奩體)는 미인을 읊는 농염하고 화려한 시풍을 가리키는 말이 되었다. 그렇기에 『향렴집』이라는 제목만 두고 보면 농염하고 화려한 시풍이 연상된다. 하지만 상정백의 『향렴집』은 우리의 예상을 빗나가게 한다. 모곤(茅坤, 1512~1601)은 『향렴집』에 대해 이렇게 평하였다. "내가 직접 읽어보니 음조가 맑고 상쾌하여 당송(唐宋)의 풍모와 맛이 넉넉하다.(余手誦之. 音調淸爽, 綽有唐宋風味.)" 『향렴집』이라는 제목을 붙였음에도 상정백이 추구하였던 시풍은 농염하고 화려한 풍격보다는 당송의 우아하면서 기품 있는 풍격에 있었던 것이다.

심무비(沈無非, 1630년 전후 생존)는 조선의 허난설헌(許蘭雪軒, 1563~1589)의 시 168수, 산문 1편을 모아 『취사원창(聚沙元倡)』을 판각하면서 서문에 "놀라울 정도로 수려하고 글속에 화장기가 들어 있지 않았다(秀色逼人, 咄咄無脂粉氣.)"라고 밝혔다. 허난설헌의 작품에서 바로 '화장기를 찾아볼 수 없음'이 심무비의 눈길을 끌었던 것이다. 고약박 역시 『규만음』 서문에서 예부터 뛰어난 여성문인들의 작품이 후세에 전해질 수 있었던 까닭을 다음과 같이 말하였다. "제량(齊梁)의 섬세한 아름다움에 가깝지만 한위(漢魏)의 고상하고 예스러움을 잃지 않았으니 이런 글이라면 후세에 전해질만 하다.(近齊梁之纖麗, 而不失漢魏之高古, 若斯編者, 可以傳矣.)"

소탈하면서 고아한 한위(漢魏)의 풍격은 방씨(方氏) 자매들도 추구하였던 문학관이었다. 방맹식은 『청분각집』 서문에서 옛날 아버지와 함께 자매들이 시를 지었던 시절을 회상하며 "아버님을 모시고 연회를 즐기던 차에 눈이 내려 시를 읊으면 죽림칠현(竹林七賢)의 풍모가 넘치곤 했다(及燕侍雪而咏, 輒津津齊林下風.)"라고 하였다. 이를 통해 방씨 자매 뿐 아니라 아버지 방대진(方大鎭, 1559~1630) 역시 한위의 풍격을 추구하였음을 알 수 있다. 한편 심정전(沈靜專, 1580년 전후 생존)은 여기에서 더 나아가 기교를 부리는 것에 대해 신랄한 평가를 내렸다. 『적적초』의 서문에서 다음과 같이 말하였다. "수놓은 규방에서 지은 문장과 푸른 창가에서 지어낸 구절과 같이 비천한 기교야 또 어찌 족히 중히 여길 만하겠는가?(況卑而技巧, 如披文繡閣, 敲句綠牕, 又何足重哉?)"

이어서 심정전은 자신의 문학관이 자연스러움에 있음을 밝혔다. "외람되이 생각하건대, 시의 도(道)란 힘들이지 않고 얻는 것이다. 비록 얕고 거칠어도 성정(性情)이 남아 있는 것 같으니 더욱 교묘하게 조탁할수록 형(形)과 신(神)은 모두 막혀버리고 스스로 즐기려다 오히려 수고로이 될 뿐이다.(竊以詩之爲道, 不勞而獲者, 雖曰淺率, 似有性存, 而雕琢愈工, 則形神俱困, 欲適反勞矣.)" 장자(莊子, B.C.369~B.C.289?)의 유유자적함과 구양수(歐陽脩, 1007~1072)의 자연스러움을 추구하였던 심정전의 문학관이 가장 선명하게 드러난

대목이다.

왕단숙(王端淑, 1621~1685) 역시 아버지 왕사임(王思任, 1575~1646)으로부터 영향을 받아 시 창작에서 '성령설(性靈說)'을 강조하였다. 「장호(張昊)의 유고(遺稿)를 논하며 남편에게 보내는 편지(與夫子論槎雲遺稿書)」에서 왕단숙은 여성문인 장호에 대해 다음과 같이 평가하였다. "장호(張昊, 1645~1668)의 율시 작품들은 노장(老莊) 사상을 높이 사고 수식하지 않는 것을 중시하였으니 진실로 「대아(大雅)」의 여음(餘音)이요, 사시(四始)의 정격(正格)입니다.(槎雲律體諸作, 高老莊, 重不加雕琢, 眞大雅之餘音, 四始之正格也.)" 왕단숙은 이어서 맑고 한가로운 풍격을 이룬 장호의 작품이 여성문학 중 가장 독보적인 것이라 칭송하였다.

명대 여성문인들은 이처럼 각기 자신들이 추구하는 뚜렷한 문학관이 있었다. 때로 화려함을 추구하였지만 화장기를 진하게 드러내지 않았고, 섬세하지만 병약함에 빠지지 않으려 하였다. 때로 담백하고 소탈함을 보이면서도 우아한 풍격을 잃지 않았다. 개성을 추구하면서 형식에 얽매이지 않았던 명대의 시대적 풍조와 함께 명대 여성문학은 중국여성문학사에 가히 새로운 경계를 열었다고 할 수 있다.

3. 문지방을 넘고자 하였던 여장부들

규방 안의 연꽃들은 스스로 문지방을 넘지 않으려 노력했지만 바깥세상은 여전히 동경의 대상이었다. 이제 그들은 규방 안에 머물러야하는 자신의 운명을 원망하기 시작하면서 세상을 향해 울분과 회한을 토로하였다. 왕미(王微, 1597?~1647?)는 『월관시(樾館詩)』 서문에서 이렇게 탄식하였다. "장부로 태어나지 못해 천하를 마음껏 평정하지도 못하고 오히려 한 집안만 섬기게 되었구나.(生非丈夫, 不能掃除天下, 猶事一室.)" 천하를 내 속에 품고 싶은 포부와 세상에 자신을 드러내고 싶은 욕망이 누구보다 간절하였으나 여성, 더욱이 기녀라는 출신 때문에 왕미는 그저 내면의 욕망을 글로 풀어낼 수밖에 없었다. 왕미는 『완재편(宛在篇)』 서문에서 다음과 같이 회한을 토로하였다. "자연의 조화가 7척 몸에 얽매어 있어 붓을 던지고 벼루를 태우지도 못하고, 기어(綺語)의 업을 참회하여 제거하지도 못한 채, 여전히 매미 소리에 집착하며 지렁이 구멍 속에서 살고 있구나!(造化七尺相拘,   而不能損筆焚研,   懺除綺語之業,   猶沾沾向蟬鳴蚓竅中作生活耶)!"

왕미가 격정적인 어조로 여성으로 살아가는 삶의 한계를 토로하였다면 육경자는 「항난정의 『재운초』에 서를 쓰다」에서 매우 담담하게 여성들의 직분이 "술과 장을 만들고 요리를 하는 데" 있다고 하였다. 육경자는 또 여성들에게 글을 짓는 일은 몸이 아프거나 집안 일이 한가할 때만 허락받는 소일거리라고 하였지만 이어서 다음과 같이 말하였다. "시란 본디 대장부들이 할 일이 아니고 실은 우리 여인네들이 해야 할 일이다.(詩固非大丈夫職業, 實我輩分內物也.)" 육경자는 이 문장의 의미를 서문에서 구체적으로 밝히지 않았지만, 분명한 것은 시 장르의 특성과 여성 특유의 섬세함, 감수성과의 연관성을 너무도 잘 포착하였다는 점이다. 더욱이 시가 전통적으로 과거 시험과 깊은 연관이 있었고 남성들의 전유물로 여겨졌던 것을 감안한다면, 이는 남성문인들을 향한 일종의 선전포고와도 같은 도발적인 선언이다.

이제 여성문인들의 관심은 규방을 넘어 사회, 국가의 문제까지 이르렀다. 양소옥(梁小玉, 1596년 전후 생존)은 역사서를 읽고 느낀 감상을 시로 써서 『고금영사록(古今咏史錄)』이라는 작품집을 냈다. 역사에서 시 창작의 영감을 받은 것은 여성문학에서 매우 독특한 사례로 아쉽게도 작품집이 전해지지 않아 서문을 통해서만 내용을 짐작해볼 뿐이다. 양소옥은 서문에서 선과 악이 도치되고 충신과 간신에 대한 평가가 엇갈린 현실에 대해 "하나하나 그 내면을 들추어 그 품격을 정했다(——摘其神情,

定其品格.)"라고 밝혔다. 남성들이 주도해온 역사에 대해 여성이 직접 평가하고 자신의 견해를 드러내기란 분명 쉬운 일이 아니었을 것이다.

이 외에 고약박은 서간문에서 둔전제(屯田制)와 군사에 대한 관심을 드러내기도 하였다. 「장부인(張夫人)에게 보내는 서간문(與張夫人)」에서 고약박은 맏며느리 정효의(丁孝懿, 1620년 전후 생존)가 아들 황찬(黃燦, 1620년 전후 생존)에게 둔전제에 대한 견해를 편지로 써서 보낸 문장을 그대로 인용하여 썼다. 여성문인이 남편과 편지를 주고받으며 둔전제에 대해 토론하는 것도 그리 흔하지 않은 일인데다 고약박이 며느리의 일을 다시 편지로 써서 둔전제에 대한 장부인의 견해를 묻는 것도 매우 흥미로운 상황이다. 이렇듯 정치와 사회의 문제는 더 이상 남성들 사이에서만 논쟁되는 주제가 아니었고, 여성들은 때로 남성들이 전혀 생각지 못했던 대담한 견해를 제기하기도 하였다.

고약박의 며느리 정효의는 변둔(邊屯)과 관둔(官·屯)의 한계점을 각기 지적하면서 다음과 같이 새로운 제안을 내어놓았다. "만약에 금전(金錢) 20만을 얻는다면 곧 조정에 상소를 올려 회하(淮河) 남북에 전지 만 묘(畝)를 개간하게 해 달라고 주청합시다. 의로움을 좋아하는 사람들이 우리가 한 것을 보고 자기들도 그렇게 한다면 곡식 값이 싸져 군량(軍糧)도 충분할 것이고 군사들은 항상 배부를 것입니다. 그런 후에 또 소금에 관한 정책을 써서 상인들을 불러들여 변방을 개간하게 한다면 군사를 늘리지 않고도 군량이 충분하게 될 것입니다.(倘得金錢二十萬, 便當北闕上書, 請淮南北間田墾萬畝, 好義者引而伸之, 則粟賤而餉足, 兵宿飽矣. 然後仍擧鹽筴, 召商田塞下, 如此則兵不增而餉自足.)" 이러한 견해가 실효성이 있는지 없는지의 여부는 차후의 문제이다. 여성이 정치와 사회에 적극적인 관심을 가지고 기존의 한계를 지적하며 자신의 목소리를 냈다는 것, 바로 그 점에서 이 글은 매우 의미심장하다.

한편 명말청초(明末淸初)라는 어지러운 현실에서 여성문인들의 마음은 더욱 복잡하였을 것이다. 한편에서는 명나라의 몰락과 함께 죽음을 택한 여성들도 있었고, 다른 한편에서는 규방 밖으로 뛰어나와 적극적으로 반청(反淸) 운동에 참여하는 여성들도 있었다. 유숙(劉淑, 1620~1655)은 일찍이 과부가 되어 평생 수절하며 살았는데 명나라가 몰락할 위기에 처하자 가산을 팔아 청나라 군대에 저항하는 일을 도왔다. 이러한 상황 때문인지 유숙의 글에서는 시대에 대한 비분강개, 나라에 대한 걱정, 삶과 죽음을 엄숙하게 바라보는 시선 등이 드러났다.

유숙은 『개산유집(个山遺集)』의 서문에서 글을 쓰는 자신의 모습에 대해 다음과 같이 묘사하였다. "달과 하늘을 새기듯 글을 쓸 때는 좀 먹은 옛 문장을 빌리지 않았고, 먹을 펼쳐서 붓끝을 휘두를 때에도 공손대낭(公孫大娘)의 검술을 거들떠보지 않았다.(劂月劀天, 不假蠹魚故紙. 墨陣管鋒, 弗窺公孫擊劍.)" 형식이나 꾸밈 등에 얽매이지 않고 거침없이 작품을 쓴 자신의 모습을 칼을 휘두르며 춤추는 공손대낭과 비교한 것에서 유숙의 호방한 기운을 느낄 수 있다. 하지만 역시 혼란한 시대에 여성문인이 할 수 있는 일은 그리 많지 않았다. 유숙은 아무 것도 할 수 없는 자신을 슬퍼하며 우국(憂國)의 심정을 이렇게 토로하였다. "그저 칠실(漆室)의 여성들처럼 나라 일을 걱정하는 슬픈 정조(情操)를 부치고자 한다.(聊寄漆室之悲操耳.)"

여성이 자신의 목소리를 내고 과감하게 규방의 문턱을 넘어서 때로 남성의 영역에 도전하는 일은 당시로서는 너무도 어려운 일이었을 것이다. 하지만 몇몇 여성문인들은 조심스럽게 혹은 대담하게 기존의 틀을 깨려고 노력하였다. 이들의 노력은 그저 문학 속에서 자신의 속내를 털어놓는 것에 불과하였지만 이 작은 시도들이 겹겹이 쌓여 시대를 변화시키는 힘이 되었다. 그리고 그들의 소리 없는 외침은 지금도 그렇게 우리들의 가슴에 남아있다.

4. 옥 조각을 수집하여 휘장 안에 잘 보관하다

방맹식은 『청분각집』 서문에서 방유의가 생전에 종종 하였던 말을 이렇게 전한다. "여자들은 재주가 없는 존재인데, 내가 무슨 잘난 것이 있겠는가!(女子無儀, 吾何儀哉!)" 여성들은 굽히고 또 굽히기만 하며 살아가야할 운명이었다. 혹시 재주가 있더라도 말기(末技)로 치부하며 내세우지 않으려 하였고 늘 몸을 움츠리며 숨기기만 하였다. 스스로 주옥이라 귀하게 여기지 않아 아름다운 글들은 아무렇게 방치되다가 사라지는 것이 태반이었고 그렇지 않으면 태워지기 일쑤였다. 하지만 사라지고 태워진 흔적들 속에서도 여전히 남아 빛나는 편옥(片玉)들이 있었다. 그리고 빛나는 옥 조각에 눈길을 보내며 이를 모아 상자 속에, 휘장 안에 고이 잘 보관하려는 사람들이 나타났다.

여성문인의 작품들을 수집하여 판각하는 것은 주로 가족 단위로 이루어졌다. 여성문인들은 대부분 생전에는 작품집을 낼 생각을 거의 하지 않다가 죽고 난 후에야 가족들이 그 죽음을 애도하고 생전의 모습을 기리기 위해 유작들을 모아 판각하였다. 언니는 동생을 위해, 시누이는 올케를 위해, 조카는 고모를 위해 흩어지고 사라질 처지에 있었던 유작들을 모아 작품집을 내면서 진정 같은 여성으로서 그 재주를 아끼고 죽음을 안타까워하였다. 방맹식은 방유의가 생전에 작품들을 불태우고 방치해두었던 것이 안타까워 『청분각집』을 내었고, 고약박은 황홍의 작품이 흩어져 더 이상 모을 수조차 없게 될까봐 두려워 『규만음』을 내었다. 고약박은 『규만음』이 나오자 기쁨의 눈물을 흘리며 말하였다. "한편으로 부인이 살아있지 않아서 슬프지만, 한편으로 부인이 죽지 않게 되어 다행이다.(一以悲夫

人之不生，一以幸夫人之有不死也.)"

　다양한 사연에 의해 판각된 작품집들은 살아남은 사람들에게는 커다란 기쁨이었고 마치 죽은 사람이 다시 살아 돌아온 것 같은 위안이 되었다. 상경란(商景蘭, 1605~1676)은 요절한 딸 기덕경(祁德瓊, 1630년 전후 생존)의 『미분집(未焚集)』을 어루만지며 마치 딸이 살아난 듯한 마음에 이렇게 통곡하였다. "옛날 버들 솜을 읊고 「초화송(椒花頌)」을 짓던 풍모가 어른어른 눈앞에 보이는 것만 같아 걷잡을 수 없이 눈물콧물이 뒤섞여 쏟아졌다.(覺昔時詠絮頌椒風度，恍在目前，不禁涕淚交墮.)" 또한 맹사광(孟思光, 1620년 전후 생존)은 집안 고모인 맹온(孟蘊, 1378~1470)의 『백루음(柏樓吟)』을 판각하면서 "그 사람을 그리워하면 그 사람은 영원히 살아계시지(言念其人，其人永在.)"라는 말로 고모에 대한 애틋한 마음을 표현하였다. 살아남은 자들의 노력은 실로 눈물겨운 것이었다.

　그런데 여성문인들이 남긴 작품의 가치는 유족들을 위로하는 차원에서 그치지 않았다. 명대 후기에 이르러 하찮게 여겨지던 옥 조각의 아름다움을 알아보고 이를 수집, 정리하는 사람들이 나타나기 시작하였다. 특히 강소(江蘇)와 절강(浙江) 일대에서는 명대 중엽부터 여성 시가(詩歌)의 선집(選集)을 엮는 일이 상당히 유행하였다. 가정(嘉靖) 36년(1557) 전당(錢塘)의 사인 전예형(田藝衡)이 명대 여성문인들의 시가를 수록하여 『시여사(詩女史)』를 내자, 그 뒤를 이어 『고소신각동관유편(姑蘇新刻彤管遺編)』, 『신각동관적기(新刻彤管摘奇)』 등의 선집들이 나왔다. 이러한 추세에 힘 입어 무작정 선록(選錄)하는 것이 아니라 자신만의 문학적 주관을 가지고 작품을 선별, 수록한 선집들이 등장하였는데 그 대표적인 예가 심의수(沈宜修, 1590~1635)의 『이인사(伊人思)』이다.

　문학 명문가 오강(吳江) 심씨(沈氏)답게 심의수는 남들이 이미 수록한 것은 생략하고, 세상에 알려지지 않은 작품을 위주로 선별하는 까다로운 잣대를 사용하였다. 심의수는 잘 알려지지 않은 여성문인의 작품들이 세월에 파묻히고 산천에 가로막혀 사라지는 것을 너무도 안타까워하며 여성문인 총 46명의 작품을 수집, 판각하였다. 그리고 서문에서 당시 출판상황을 다음과 같이 지적하였다. "세상에는 이름난 여성들의 시문 선집이 많다. 그러나 대부분 옛날 것을 따르는 데 익숙하지 지금의 것은 두루 망라하지 않았다.(世選名媛詩文多矣! 大都習於沿古, 未廣羅今.)" 그렇기에 당시 크게 이름이 나지 않았던 여성문인들의 작품을 수집한 『이인사』는 역사적, 문학적 자료로서 그 가치가 매우 크다.

왕단숙(王端淑, 1621~1685)은 여기에서 더 나아가 포괄적이고 총체적으로 여성문인들의 작품들을 수집, 정리하였다. 심의수의 『이인사』가 명대 여성문인들의 작품을 수집, 정리한 것에 비해 왕단숙의 『명원시위초편(名媛詩緯初編)』은 이전 시대까지 망라하여 여성문인들의 작품을 수집, 정리하였다. 왕단숙은 『명원시위초편』을 판각하게 된 동기를 서문에서 이렇게 밝혔다. "나는 천고(千古)의 세월까지 거슬러 올라갈 수도 없는 데다, 먼 옛날 여성문인의 시가 많이 보이지 않고 내가 본 사람이 많지 않음을 몹시 안타까워했다. 그래서 가까운 시대의 사람 중에서 사적을 고증할 수 있는 자들을 수집해보니 명원(名媛)만한 것이 없었다. 이에 널리 수집하여 두루 갖추고 품평에 정교함을 기했다. 사람마다 논평을 하고 시마다 우열을 가려 40여 권으로 엮었다.(予不及上追千古, 而尤恨千古以上之詩媛, 詩不多見, 見不多人. 因取其近而有徵者, 無如名媛. 搜羅畢備, 品藻期工. 人予一評, 詩予一隲, 輯成四十餘卷.)"

왕단숙이 "사람마다 논평을 하고 시마다 우열을 가렸다"고 밝혔으나 각 문인과 작품들에 대해 짧은 품평에 그치고 있어 전문적인 시 비평의 일가를 이루었다고 보기는 어렵다. 하지만 여성문인들의 작품들을 단순히 수집, 정리한 것에서 그치지 않고 왕단숙이 직접 평가하고 이에 따라 안배하여 작품집을 낸 것은 중국여성문학사에서 매우 획기적인 작업이라 할 수 있다. 왕단숙은 또한 여성문인들을 분류, 배열하는 데에도 그저 기계적으로 시대별로 정리하지 않고 신분에 따라 분류, 배열하였고, 신선이나 귀신 이야기, 패관소설, 회화 등에 이르기까지 다양한 장르와 내용을 수용하였다.

예컨대 왕족 출신의 여성은 궁집(宮集)에, 원명(元明) 교체기에 살았던 여성은 전집(前集)에, 고관의 부인과 후궁, 선비의 아내는 정집(正集)에 넣었다. 기녀생활을 하며 떠돌다가 남자에게 시집간 여성은 정집의 끝에 넣었다. 명말청초의 여성은 신집(新集)에, 사랑을 노래한 시는 윤집(閏集)에, 청루(靑樓)의 생활로 생을 마감한 여성은 염집(豔集)에 넣었다. 승려와 도사, 먼 변방의 여성들 중 시문이 뛰어난 자들은 각각 치집(淄集), 황집(黃集), 외집(外集)에 넣었다. 신선과 귀신의 기이한 이야기나 패관 소설, 역모에 가담한 여성은 환집(幻集), 비집(備集), 역집(逆集)에 넣었다. 사(詞)나 잡저(雜著)는 여집(餘集), 아집(雅集), 잡집(雜集)에 넣었다. 시에 뛰어났으나 작품이 없어진 여성, 회화에 뛰어났으나 시에 능하지 못한 여성은 유집(遺集)과 회집(繪集)에 넣었다.

특히 여성의 신분에 따른 분류는 당시의 여성관을 이해하는 데에도 중요한 근거가 될 수 있다. 기녀로 살다가 결혼하여 보통 여성의 삶을 산 자와 청루 생활을 청산하지 못한 여성을 각각 정집의 끝과 염집에 분류해 넣고, 염집을 정집 뒤에 배치한 것에서 기녀에 대한 명대 사람들의 인식을 엿볼 수 있다. 또한 승려와 도사, 먼 변방 여성들의 작품을 수록한 치집, 황집, 외집이 염집보다 더 아래에 배치된 것에서 승려나 도사, 변방 이민족의 여성들은 당시 기녀보다 더 못한 존재로 인식되었음을 알 수 있다. 이렇듯 『명원시위초편』은 여성문학사, 중국문학사 뿐 아니라 여성생활사 연구에도 기여하는 바가 매우 클 것으로 기대된다.

남겨진 옥 조각들, 그것은 휘황찬란한 금은보석처럼 귀하게 여겨지지 않았지만 그 자체로도 너무나 빛나고 아름다운 보배였다. 만약 이 보배들이 흩어져 묻혀버렸다면 그저 먼지처럼 조각으로 사라졌을 것이다. 하지만 누군가는 이 반짝거리는 보배를 눈여겨보고 하나하나 모아서 실로 꿰어놓았다. 그들의 노력 덕분에 옥 조각은 지금까지 남아 금은보석과는 또 다른 빛을 내는 아름다운 보배가 되었다. 그러니 이제 우리는 선대로부터 내려오는 빛나는 보배를 잘 닦아 보존해야할 것이며, 또한 주변 어디에선가 버려지고 묻힌 보배들을 찾으려 끊임없이 노력해야할 것이다.

작가생애

고약박(顧若璞, 1592~1681)

자는 화지(和知)로 절강성(浙江省) 항주(杭州) 사람이다. 명말 상림서승(上林署丞) 고우백(顧友白, 1560년 전후 생존)의 딸로 황무오(黃茂梧, 1610년 전후 생존)에게 시집갔으나 일찍 과부가 되었다. 정절과 효행으로 명성이 높았고 작품집으로 『와월헌고(臥月軒稿)』가 전해진다. 『와월헌고』는 두 아들 황찬(黃燦, 1630년 전후 생존)과 황위(黃煒, 1630년 전후 생존)가 고약박의 60세 생신을 기념하여 시문들을 엮어 책으로 간행한 것이다. 『연지집(然脂集)』에 고약박의 『왕생기실(往生紀實)』 1권이 수록되어 있고, 이 외 『명시종(明詩綜)』, 『역대시여(歷代詩餘)』, 『명사종(明詞綜)』 등에 고약박의 시사가 전해진다.

맹사광(孟思光, 1620년 전후 생존)

자는 중재(仲齋), 절강성 회계(會稽) 사람이다. 명말청초 희곡작가로 유명하였던 맹칭순(孟稱舜, 1594~1684)의 딸로 아버지와 함께 집안 고모인 맹온(孟蘊, 1378~1470)의 작품들을 정리하여 『백루음

(柏樓吟)』을 판각하였다. 이 외에도 송대(宋代) 장옥낭(張玉娘, 1250~1276)의 『난설집(蘭雪集)』을 교정하여 판각하기도 하였다.

방맹식(方孟式, 1582~1639)

자는 여요(如耀), 안휘성(安徽省) 동성(桐城) 사람이다. 대리경(大理卿) 방대진(方大鎭, 1559~1630)의 첫째 딸이고 병부시랑(兵部侍郎) 방공소(方孔炤, 1590~1655)의 누이이며 산동포정사(山東布政使) 장병문(張秉文, 1585~1638)의 처이다. 20여 살이 되어도 자식이 없자 남편 장병문에게 첩을 들여 주어 아들 셋을 얻었다. 숭정(崇禎) 11년(1638)에 청나라 군사가 제남(濟南)을 공격해 장병문이 성에서 전사하였고, 방맹식은 성이 함락되자 호숫가에서 통곡하다가 호수에 빠져 죽었다. 후에 조정에서 방맹식을 일품부인(一品夫人)으로 봉하고 국제(國祭)를 지내주었다. 작품집으로『인란각집(紉蘭閣集)』 8권,『인란각시집(紉蘭閣詩集)』 14권이 있으나 일실되어 전해지지 않는다.

방유의(方維儀, 1585~1668)

자는 중현(仲賢), 안휘성 동성사람이다. 대리경 방대진의 둘째 딸이고 방맹식의 동생이다. 17살에 요손계(姚孫棨, 1600년 전후 생존)에게 시집갔으나 오래지 않아 남편이 병으로 죽었다. 그 후로 청분각(淸芬閣)에서 수절하며 글을 짓고 그림을 그리면서 한평생을 지냈다. 작품집으로『청분각집(淸芬閣集)』 8권,『초강음(楚江吟)』 1권,『규범(閨範)』,『궁규시사(宮閨詩史)』,『궁규문사(宮閨文史)』 등이 있으나 일실되어 전해지지 않는다.

상경란(商景蘭, 1605~1676)

자는 미생(媚生)이고 절강성 소흥(紹興) 사람이다. 이부(吏部) 상서(尚書) 상조(商祚, 1590년 전후 생존)의 장녀이자 충민공(忠敏公) 기표가(祁彪佳, 1602~1645)의 처이다. 청대(淸代) 순치(順治) 2년 (1645) 청나라 군사가 남경(南京)을 공격하자 기표가가 물에 뛰어들어 자살하였고, 상경란은 홀로 자식 교육에 힘쓰며 여생을 보냈다. 두 아들 기이손(祁理孫, 1625~1675), 기반손(祁班孫, 1632~1673), 세 딸 기덕연(祁德淵, 1630년 전후 생존), 기덕경(祁德瓊, 1630년 전후 생존), 기덕채(祁德茝, 1630년 전후 생존), 며느리 장덕혜(張德蕙, 1644~1661), 주덕용(朱德蓉, 1640년 전후 생존) 등은 당시 모두 시로 명성이 높았다. 작품집으로 『금낭집(錦囊集)』이 있다. 『금낭집』은 남릉(南陵) 서씨(徐氏)가 판각한 『소단란실휘각규수사(小檀欒室彙刻閨秀詞)』에 수록되어있다.

상정백(桑貞白, 1600년 전후 생존)

자는 월주(月姝), 호는 월창(月窗), 절강성 가흥(嘉興) 사람으로 주리정(周履靖, 1600년 전후 생존)의 후처이다. 주리정의 자는 일지(逸之), 호는 매허(梅墟)로 당시 서예와 그림으로 명성이 높았다. 주리정은 서적을 간행하는 데 자주 참여하였고 시에 재주가 뛰어나 상정백과도 종종 창화(唱和)하였다. 상정백의 작품집으로 『향렴집(香奩集)』, 『이희창화집(二姬唱和集)』, 『화육씨시(和陸氏詩)』 등이 있다.

서범(徐範, 1630년 전후 생존)

자는 의정(儀靜), 호는 완경(婉卿), 옥경(玉卿), 축원(蹇媛)이며 절강성 가흥 사람이다. 서해문(徐海門, 1610년 전후 생존)의 딸이고 서정목(徐貞

木, 1623~1671)의 누이이다. 『매리지(梅里志)』에 의하면, 서해문은 글씨에 뛰어났고 서범 역시 어려서부터 아버지에게 배워 특히 매화와 난초를 잘 그렸다고 한다. 서범은 다리를 절어서 축원이라는 호가 붙여졌으며 이 때문에 결국 시집을 가지 못하였다. 작품집으로 『홍여초(紅餘草)』가 있었으나 이미 일실되어 전해지지 않는다. 이 외 서예 작품들은 『옥대서사(玉臺書史)』와 『옥대명한(玉臺名翰)』에 전해진다.

서원(徐媛, 1560~1620)

자는 소숙(小淑), 강소성(江蘇省) 소주(蘇州) 사람으로 서시태(徐時泰, 1530년 전후 생존)의 딸이고 범윤림(范允臨, 1558~1641)의 처이다. 범윤림은 당시 서예로 명성이 높았고, 서원은 육경자(陸卿子, 1550년 전후 생존)와 자주 창화하여 '오문이대가(吳門二大家)'로 불리기도 하였다. 작품집으로 『낙위음(絡緯吟)』 12권이 전해지는데, 시(詩), 사(詞), 곡(曲), 부(賦), 뇌(誄) 등 다양한 문체의 작품이 수록되어있다. 특히 변려체(騈麗體)의 문장이 뛰어나다.

심무비(沈無非, 1630년 전후 생존)

절강성 가흥 사람으로 항정현(項鼎鉉, 1630년 전후 생존)의 처이다. 허난설헌(許蘭雪軒, 1563~1589)의 작품집 『취사원창(聚沙元倡)』에 서문을 달았다는 사실 외에는 구체적으로 전해지는 자료가 없다.

심의수(沈宜修, 1590~1635)

자는 완군(宛君), 강소성 오강(吳江) 사람이다. 명대의 저명한 문학가 심경(沈璟, 1553~1610)의 질녀이고 엽소원(葉紹袁, 1589~1648)의 처이다. 시 창작 외에도 산수화에 조예가 깊었던 것으로 전해진다. 작품집으로 『이취집(鸝吹集)』 2권, 『매화시(梅花詩)』 1권이 있고, 여성문인들의 작품을 선집한 『이인사(伊人思)』 1권이 있다. 모두 8남 5녀의 자녀를 두었는데, 첫째 딸 엽환환(葉紈紈, 1610~1632), 둘째 딸 엽소환(葉小紈, 1613~1657?), 셋째 딸 엽소란(葉小鸞, 1616~1632), 여섯 번째 아들 엽섭(葉燮, 1627~1703) 등은 당시 문단에서 명성이 높았다. 엽소원은 1636년 심의수와 그 자녀들의 작품들을 모아서 『오몽당집(午夢堂集)』을 출판하였다.

심정전(沈靜專, 1580년 전후 생존)

자는 만군(曼君), 강소성 오강 사람이다. 명대의 저명한 문학가 심경(沈璟, 1553~1610)의 딸이고 제생(諸生) 오창(吳昌, 1580년 전후 생존)의 아내이다. 작품집으로 『적적초(遍遍草)』, 『울화누초(鬱華樓草)』, 『송고(頌古)』가 있다. 『울화누초』와 『송고』는 일실되어 전해지지 않는다.

양맹소(梁孟昭, 1630년 전후 생존)

자는 이소(夷素), 절강성 항주 사람으로 모내(茅鼐, 1630년 전후 생존)의 처이다. 작품집으로 『수묵헌음초(繡墨軒吟草)』, 『산수음(山水吟)』, 『산수억(山水憶)』, 『상사연전기(相思硯傳奇)』 등이 있다. 명대 숭정(崇禎) 8년(1635)에 판각된 『산수음』에는 갈징기(葛徵奇, ?~1645)의 서문이 있다.

양소옥(梁小玉, 1596년 전후 생존)

자는 옥희(玉姬), 호는 낭현여사(琅嬛女史)이다. 절강성 항주 사람
으로 오흥(吳興)의 기녀이다. 『궁규씨적예문고략(宮閨氏籍藝文考
略)』에 의하면, 7세에 일찍이 운을 맞춰 「낙화시(落花詩)」를 지었고
경서와 사서 등을 두루 섭렵하였으며 「양도부(兩都賦)」를 반 년 만
에 완성했다고 한다. 작품집으로 『낭현집(琅嬛集)』 2권이 있고, 잡찬
(雜纂)으로 『천가기사주(千家記事珠)』 300권, 『영사록(咏史錄)』 10
권, 『제사(諸史)』 100권, 『산해군국지(山海羣國志)』, 『초목조수경(草
木鳥獸經)』, 『고금여사(古今女史)』, 『고시집구(古詩集句)』, 『악부려
용주(樂府驪龍珠)』 등이 있다. 이 외 오호십국(五胡十國) 시기 황숭
하(黃崇嘏, 880년 전후 생존)의 이야기를 쓴 전기(傳奇) 『합원기(合
元記)』도 있으나 모두 일실되어 전해지지 않는다.

오백(吳柏, 1630년 전후 생존)

자는 백주(柏舟)로 절강성 항주 사람이다. 오대(吳大, 1610년 전후
생존)의 막내딸이다. 『궁규씨적예문고략(宮閨氏籍藝文考略)』과 『
부인집(婦人集)』에 의하면, 오백은 원래 진대생(陳大生, 1630년 전
후 생존)에게 시집가기로 약속이 되어 있었으나 시집도 가기 전에
진대생이 죽었다. 그러자 오백은 상복을 입고 수절하기로 맹세하며
끝내 친정으로 돌아가지 않았다. 그렇게 10여 년 동안 수절하다가
병으로 요절하였다. 작품집으로 『백주집(柏舟集)』이 있다.

오초(吳綃, ?~1671)

자는 소공(素公), 또 다른 자는 편하(片霞), 빙선(冰仙)으로 강소성
소주 사람이다. 오수창(吳水蒼, 1630년 전후 생존)의 딸이고 강소성
상숙(常熟) 사람 허요(許瑤, 1650년 전후 생존)의 처이다. 서예와 그

림에 뛰어났으며 작품집으로 『소설암집(嘯雪菴集)』 3권이 있다. 『연지집(然脂集)』에 수록되어 있다.

왕단숙(王端淑, 1621~1685)

자는 옥영(玉映), 호는 영연자(映然子) 혹은 청무자(靑蕪子), 절강성 항주 사람이다. 종백(宗伯) 왕사임(王思任, 1575~1646)의 딸이고 전당(錢塘)의 공사(貢士) 정예자(丁睿子, 1640년 전후 생존)의 처이다. 시문과 서화(書畵) 뿐 아니라 사학(史學)에 정통하였다. 순치(順治) 연간 후궁들을 가르치는 교사로 초빙되었으나 사양하였다. 작품집으로 『옥영당집(玉映堂集)』, 『음홍집(吟紅集)』, 『명원시위(名媛詩緯)』가 있다.

왕미(王微, 1597?~1647?)

자는 수미(修微), 어릴 적 자는 왕관(王冠), 자호(自號)는 초의도인(草衣道人)로 명말 광릉(廣陵)의 기녀이다. 『명원시귀(名媛詩歸)』에 의하면, 7살에 부친을 여의고 의지할 곳이 없어 기녀가 되었다고 한다. 처음에는 모원의(茅元儀, 1594~1640)에게 시집갔다가 이후 다시 도간(都諫) 허예경(許譽卿, 1620년 전후 생존)의 첩이 되었다. 왕미의 작품집 중 『명산기(名山記)』, 『월관시(樾館詩)』, 『완재편(宛在篇)』, 『부산정초(浮山亭草)』는 모두 일실되어 전해지지 않고, 『미분고선(未焚稿選)』, 『원유편선(遠游篇選)』, 『간초선(間草選)』, 『기산초선(期山草選)』 등이 전해진다.

유숙(劉淑, 1620~1655)

자는 숙영(淑英), 호는 개산인(个山人)이다. 강서성(江西省) 길안현(吉安縣) 사람으로 태복(太僕) 유탁(劉鐸, 1573~1627)의 딸이고 왕애(王藹, 1630년 전후 생존)의 처이다. 결혼한 지 얼마 되지 않아 과부가 되었으나 평생 수절하면서 살았다. 명나라 말기에 자신의 가산을 다 팔아서 청나라 군대에 저항하는 데 지원해주기도 하였다. 작품집으로 『개산유집(个山遺集)』이 있다.

육경자(陸卿子, 1550년 전후 생존)

본명은 육복상(陸服常)이고 경자(卿子)는 자이다. 강소성 소주 사람이다. 당시 문학가, 서화가로 유명하였던 육사탁(陸師鐸, 1517~1580)의 딸로 15세 때 송(宋) 왕가의 후손인 조환광(趙宦光, 1559~1625)과 결혼하였다. 『명사(明史)·문휘명전(文徵明傳)』에 의하면, 두 사람은 뜻이 잘 맞아 결혼한 후 세속생활을 버리고 한산(寒山)에 들어가 은거생활을 하였다고 한다. 육경자는 서원(徐媛)과 자주 창화하여 '오문이대가(吳門二大家)'로 불리기도 하였다. 작품집으로 『고반집(考槃集)』, 『현지집(玄芝集)』, 『운와각고(雲卧閣稿)』, 『한암예초(寒岩藝草)』 등이 있다. 『운와각고』와 『한암예초』는 일실되어 전해지지 않는다.

이벽(李璧, 생졸년 미상)

자는 덕옥(德玉), 호는 개암(介菴)으로 강소성 소주 사람이다. 주씨(周氏, 생졸년 미상)에게 시집갔다고 하나 생애에 대한 기록이 전해지지 않아 자세히 알 수 없다. 작품집으로 『개암집(介菴集)』이 있으나 일실되어 전해지지 않는다. 『여회집(予懷集)』에 실린 「화매죽선증김부인(畵梅竹扇贈金夫人)」이라는 시 한 수가 『연지집(然脂集)

『 』에 전해진다.

정씨(鄭氏, 1600년 전후 생존)

복건성(福建省) 후관(侯官) 사람 손창예(孫昌裔, 1580?~?)의 처로 생애에 대한 기록이 전해지지 않아 자세히 알 수 없다. 왕단숙(王端淑)의 『명원시위초편(名媛詩緯初編)·약전(略傳)』에 의하면, 제학(提學) 손창예의 처와 방맹식(方孟式), 오혜경(吳慧鏡, 1600년 전후 생존)이 서로 친분이 두터워 문학적 교류를 자주 하였다고 한다.

정여영(鄭如英, 1620년 전후 생존)

자는 무미(無美), 어렸을 적 자는 타(妥)로 금릉(金陵)의 기녀이다. 작품집으로 『한옥재집(寒玉齋集)』 1권이 있으나 일실되었다. 모유창(冒愈昌, 1620년 전후 생존)이 정여영과 마수정(馬守貞, 1548~1604), 조채희(趙彩姬, 1620년 전후 생존), 주무하(朱無瑕, 1620년 전후 생존)의 작품을 모아 『진회사희시(秦淮四姬詩)』라는 선집(選集)을 내기도 했다. 정여영과 관련된 일화는 공상임(孔尙任, 1648~1718)의 『도화선(桃花扇)』, 주의(周誼, 1650년 전후 생존)의 『향동만필(香東漫筆)』 등에 전해진다.

형자정(邢慈靜, 1573~1643?)

호는 포단주인(蒲團主人)이고 산동성(山東省) 임청(臨淸) 사람이다. 명말 저명한 화가이자 문학가인 형동(邢侗, 1551~1612)의 여동생이고 귀주좌포정(貴州左布政) 마증(馬拯, 1600년 전후 생존)의 처이다. 이 때문에 마형경(馬邢卿)으로 불리기도 한다. 작품집으로 『비비초(非非草)』, 『난설재(蘭雪齋)』, 『지실집첩(之室集帖)』, 『검도략(黔塗略)』, 『충정집(忠貞集)』 등이 있다. 『비비초』, 『난설재』, 『지실집첩』, 『충정집』은 전해지지 않는다.

明代女性作家叢書 ❷ 散文選
··

그 사람을 그리워하면
그 사람은 영원히 내 곁에 있네

지은이 ‖ 고약박/외
옮긴이 ‖ 김지선 정민경
펴낸이 ‖ 이충렬
펴낸곳 ‖ 사람들

초판인쇄 2011. 9. 26 ‖ 초판발행 2011. 9. 30 ‖ 출판등록 제395-2006-00063 ‖ 주소 경기도 고양시
덕양구 화정동 905-2 찬우물빌딩 304호 ‖ 대표전화 031. 969. 5120 ‖ 팩시밀리 031. 969. 5305 ‖
e-mail. minbook2000@hanmail.net

ISBN 978-89-963888-3-8 93820